双方向授業が拓く日本の教育

アクティブ・ラーニングへの期待

畑田　耕一　編著

大阪公立大学共同出版会

はじめに

今の日本に求められているのは、これまでどこにもなかった新しいものや概念を創り出して、先進国として世界をリードし人々のお役に立つことです。そのためには、授業の方式を、従来の先生が一方的にしゃべる方式から、生徒も授業の内容について活発に質問し意見も言い先生とともに考え討論する、いわゆる双方向型の授業に変える必要があるのです。双方向授業は教師と学生が一緒になっての対話を通しての学びです。授業の双方向性が高まると、生徒はごく自然に自分から進んで主体的に学べるようになり、能動的学習の力が身について、授業で得た新しい知識やものの考え方をいろいろと組み合わせ、ああでもない、こうでもないと想像をたくましくしながら自分独自のものの考え方を作りだせるようになります。想像力が双方向授業の根本の力であるといえます。

この本の編者の畑田耕一は、第2次世界大戦直後の小学校5年生の頃から高校まで、熱心な先生のお蔭でこのような授業を受けることができました。そして大学の教師になってからは、自ら双方向授業を実践し、現在は、小・中・高等学校への出前授業や生涯教育などを双方向的に行っています。

最近、文部科学省は、初等・中等教育における双方向授業とアクティブ・ラーニング（生徒の能動的学習）の必要性を認め、生徒の学び方の改善を提唱しています。双方向授業は、それを受ける生徒の側から見れば、アクティブ・ラーニングになるのです。双方向授業は、生徒がその日の授業について十分な予習をしていなければ行えないもので、生徒の能動的学習と一体化して初めて成り立ちます。この双方向授業の根本精神は、学校教育を終えた社会人にとっても大変重要なものであることを忘れてはなりません。民主主義の国では多くの事が多数決で決まります。票数の集計は、投票者の投票の対象になっている事象についての学習・理解のレベルの違いは無視して行われます。したがって民主主義の大前提は「国民皆学（こくみんかいがく）」です（教育基本法第三条参照）。市民の能動的学習を欠いた社会では民主主義は成り立たない恐れがあるのです。国家の存続が危うくなります。

さらに言えば、国民が真っ当な道徳的能力を持っていることは、いかなる国家においても必要不可欠です。そして道徳的能力の根源の力は双方向授業によって培われる想像力なのです（参考文献1）。文部科学省が教員に求めている「学校における道徳教育は、道徳の時間を要として学校の教育活動全体を通じて行うものであり、道徳の時間はもとより、各教科、外国語活動、総合的な学習の時間及び特別活動のそれぞれの特質に応じて、児童の発達の段階を考慮して、適切な指導を行わなければならない」（参考文献2）は、全ての科目で双方向授業を行って道徳的能力の根本の力である想像力を高めることを求めていると考えて差し支えないと思います。「算数の時間にどうやって道徳のことを教えればいいのだろうか」などと悩んでおられる方は、この本を10章までお読みいただければ、晴れ晴れとした気分になられることは間違いありません。

この本の読者の一人でも多くの方が双方向授業とアクティブ・ラーニングを通して素晴らしい日本、そして世界の将来への道を見つけていただくことを祈念して止みません。

平成28年12月15日

畑田　耕一

目次

はじめに …… 畑田耕一 i

序章 …… 畑田耕一 1

第1章 双方向授業 ―想像力を養おう― …… 畑田耕一、谷渕初枝 **9**

1 「道徳・科学・音楽・自然のつながり」 …… 12
2 生徒との話し合い1「道徳について考えよう」 …… 21
3 生徒との話し合い2「日本語と英語はどう違う」 …… 26
4 生徒との話し合い3「男性と女性にはどんな違いがあるのか」 …… 33

第2章 双方向授業は日本の未来を築く
…… 畑田耕一、岡本　博、関口　煜、山元行博、船曳裕幸 **39**

1 双方向授業とは …… 42
2 双方向授業実施の前提 …… 45
3 双方向授業をどのようにして学校教育に根づかせるか …… 48

4　少人数クラスと習熟度別クラスを考える……52
5　双方向授業は何歳ぐらいから始めるのがよいか……55
6　双方向授業の目標と必要性を生徒によく理解させることが大切……57
7　双方向授業の確立に向けた教師の心構えと努力……58
8　双方向授業は生きる力を高める……60
9　双方向授業を日本人の教養レベルと世界に生きる力の向上に繋げよう……62
10　双方向授業のこれまでとこれから……64
第3章　教育の素晴らしい未来を拓くために……69
畑田耕一、関口　煜、池田光穂、栗山和之、大友庸好、山本　清、疋田和男、久堀雅清、安部孝人、戸川好延、吉澤則男、渋谷　亘
1　今の子どもたちの長所を伸ばして素晴らしい子どもに育てよう……71
2　子どもたちの自己表現力を双方向授業で真のコミュニケーション能力の開発に繋ぐには……73
3　双方向授業と総合的な学習の融合と習熟度別クラスの編成……75
4　根本原理を学習させる教育……81
5　みんなで学べば資質も上がる、学校は集団で学ぶ場・学習の触媒となる場である……85

6 学習意欲と真の学力の向上を図るには……87
7 教員の教育技術・能力の向上……89
8 教育委員会の使命と責任……90
9 教育現場にゆとりを……91
10 生徒、教員、保護者間の信頼関係の構築とPTA、PTCAの活用……93
11 原級留め置きを考える……98
12 子育て教育を考える……99
13 本章を終えるに当たって……102

第4章 これからの日本の教育 ―物事の根本原理を考える力と習慣―
……畑田耕一、桝田定子、関谷洋子、戸部義人、北村公一、松山辰男 105
1 根本原理の教育とは……108
2 根本原理の教育をいろいろな観点から眺めてみると……118
3 鶴亀算を通して教育を考える……133
4 入学試験と大学における学生教育……139
5 納税の根本原理と道徳教育への展開……145
6 道徳教育を考える……149

第5章　道徳と科学 ―その根底の力は想像力― …… 畑田耕一、林　義久、渋谷　亘 161
1　科学の根底の力は想像力（創造は想像の集積） …… 163
2　道徳的能力の根源も想像力
―科学と道徳は根底で繋がっている …… 165
3　想像力を養うには …… 168
4　本章を終えるに当たって …… 171

**第6章　「あたりまえのこと」と「あたりまえでないこと」
―論理的に考える教育の必要性―** …… 関口　煜 173
1　小学校での出前授業 …… 175
2　「あたりまえ」の語源と意味 …… 176
3　「考える教育」を考える …… 179
4　これまでの日本の教育とこれからの日本の教育 …… 181

第7章　初等・中等教育における学校、家庭、地域社会の役割 …… 渋谷　亘、畑田耕一 187
1　本章をお読みいただくに当たって …… 189
2　教員の役割 …… 190
3　学校の役割 …… 192

4　家庭の役割……198
5　地域社会の役割……199
6　これからの教育への提言……202

第8章　キャリア教育の推進 ―職場体験学習を考える―
……畑田耕一、関口　煜、岡本　博、船曳裕幸、北村公一、村司辰朗、久保田拡鑑、渋谷　亘　209
1　職場体験学習とは……211
2　職場体験学習の教育効果……223
3　職場体験学習のこれから……234
4　職場体験学習を今後も持続・発展させるための具体的な提言……237

第9章　豊中ロータリークラブの出前授業これまでとこれから……畑田耕一　243
1　出前授業発足の経緯とロータリー精神との関わり……245
2　初等・中等教育の現状と出前授業の必要性……248
3　出前授業の意義と目標……249
4　豊中ロータリークラブの出前授業とその実績……252
5　出前授業の効果と先生・子どもたちの反応……254

6　出前授業を通して見る教育現場の問題点……256
7　出前授業今後の展開……257
8　私の出前授業……262
第10章　終　章……畑田耕一　269
参考文献一覧……281
付録　豊中ロータリークラブ（RC）の小学校・中学校への出前授業（個人別テーマと要旨）……291

序章

戦中・戦後から今までの日本の教育は、知識を授け経験を積ませ、それを基にして考えさせて（これを応用という）生きていく力を養わせる教育でした。その目標は先進国に追いつくことでありました。今、日本は、少なくとも自然科学と技術の面においては、この目標は達成したと思います。そして、いま日本に求められているのは、これまでどこにもなかった新しいものや概念を創り出して、先進国として世界の人々のお役に立つことなのです。

新しいものや概念を創り出すには、それまでに身につけた知識と経験を基にして、想像力を駆使して目標にいたる方法を想定し、それを実行し、成果が得られなければまた別の道を探るという行いを、何回となく繰り返すしかありません。目標が達成された場合に、それを行った人の想像力の集積が創造力として評価されるのです。

日本が新しいものや概念を創り出して世界のお役に立てる国に成長するためには、学校教育は、生徒が教えてもらう教育から、生徒が自ら学ぶ教育へと変わらなければなりません。授業の方式を、従来の先生が一方的にしゃべる方式から、生徒も授業の内容についてどんどん質問し意見も言う、いわゆる双方向授業に変える必要があるのです。今、小学校から大学にいたる全ての学校が、日本の未来のために双方向授業を取り入れなければならない時代が到来したのです。双方向授業は、これまでも一部の教師により行われ、かなりの成果を挙げてきました。この本の編者畑田もその一人です。この本では、これまでの日本の教育についての議論・討論の成果を基に、これからの日本の教育はいかにあるべきか、そのためには現場の教師は何をすればよいのかを考え、そのノウ・ハウを各所に盛り込んだつもりです。

双方向授業は真の考える力を養い想像力を豊かにするために不可欠な授業なのですが、これが達成されるためには物事の根本原理を考えるというこれまでの日本にはあまりなかった習慣を生徒に身につけさせることが必要です。例えば、密度を学ばせる時に、密度とは物質の質量を体積で除した値という定義と同時に、密度の大小は物質の単位体積中に存在する分子の質量と数によって決まるということをよく学ばせておくということです。根本原理の教育は、単なる応用力ではなくて、真の考える力を身につけるのに大いに役立つのです。

双方向授業とは、教員が生徒に対して一方的に教え込むのではなく、生徒と教員の間、あるいは生徒同士の積極的なコミュニケーションが存在する授業のことです。いちばん簡単に実行できる双方向授業は先生が生徒に時々質問して答えさせる授業ですが、このような授業でも、一人の生徒の答えに対して、別の生徒が「私はそうは思いません」と言って、別の答えを言ったり、さらには、生徒が自主的に質問するようになったり、生徒の質問に別の生徒が答えるというふうになれば、授業の双方向性が一段と高まったことになります。言い方を変えれば教師・学生間の対話を通しての学びの場です。このようにして授業の双方向性が高まると、生徒はごく自然に自分から進んで勉強するようになってきます。主体的に学べるようになるのです。主体的な学びすなわち能動的な学習の力が身についてくると、双方向授業で得た新しい知識やものの考え方をただ覚えるだけではなく、それまでの知識やものの考え方と組み合わせ、総合化・複合化して、ああでもない、こうでもないと想像をたくましくしながら自分独自のものの考え方を作りだせるようになります。すなわち深い学びの達成です。これが双方向授業のあるべき姿です。

最近、文部科学省は、初等・中等教育において子どもたちに育成すべき資質・能力を総合的に育ませるためには、学びの量とともに、質や深まりが重要であるとし、各教科等における習得・活用・探究の学習過程全体を見渡しながら、「深い学び」「対話的な学び」「主体的な学び」の三つの視点に立って学び全体を改善していくべきであると述べ、アクティブ・ラーニング（生徒の能動的学習）の必要性を提案しました（参考文献1）。この三つの視点は、双方向授業の大事な方針であり目標でもあることは、前段の文章より明らかです。すなわち、双方向授業を、それを受ける生徒の側から見れば、アクティブ・ラーニングになるのです。生徒のアクティブ・ラーニングが双方向授業の目標であるとも言えます。学校教育における授業は生徒にとって必ずしも楽しいものではありません。普通の授業なら座っているだけで済むのに、双方向授業では、初めから終わりまで気が抜けない。こんな授業はかなわない、という生徒もいるかもしれません。そんな生徒にも双方向授業を能動的に受けて、その成果を挙げさせる工夫をするのは、アクティブ・ラーニングを担当するものの大事な役目の一つです。

双方向授業は、したがってまた、アクティブ・ラーニングは、少人数クラスの方が効果を上げ易いのは間違いありませんが、大人数の場合には電子掲示板（ＢＢＳ：bulletin board system）が役に立ちます。これを使って生徒・学生の自己紹介と授業についての討論・意見交換をさせるのです。ＢＢＳの意見交換・討論への参加度を成績評価の対象にすることも可能です。授業の後で教師と学生が集まってその日の授業について自由に意見交換をする場が持てれば授業の効果が一層上がると思います。また、双方向授業へのティーチング・アシスタント（TA）等のサポートを積極的に導入できれば、それに越したことはありません。TAは授業の指導支援だけではなく、大人数クラスで学生の少人数化の効果を上げるのにも役立てることができます（参考文献1、2）。

科学的なデータで生徒を説得するのも一つの方法です。例えば、ハーバード大学の学生を対象に行われた研究で、ただ座って先生の講義を聴いている時の学生の脳の活動は、眠っている時とほぼ同じであるが、教師が学生に対して質問を投げかけ、それに対して学生同士が議論しながら授業を進めている場合には、脳は活発に活動していることが、手首の皮膚電流の測定から明らかになっています。受動的に講義を聴いているだけの場合、人の脳はほとんど活動をしていないのです。この学生同士に議論させる手法が取り入れられてから、学生の物理の理解度が大きく上昇したことは数値的にも証明されています。同様の試みはマサチューセッツ工科大学でも行われ、やはり教養物理の授業に学生同士の議論などアクティブ・ラーニングの要素を取り入れた結果、成績下位者だけでなく中位、上位でも満遍なく成績の向上がみられたということです（参考文献3）。授業にアクティブ・ラーニングの要素を盛り込むと効果が大きいことは以前から知られていて、授業で学んだ内容を半年後にどれだけ記憶しているかを授業の形態で比較した研究結果によると、講義を聴いただけの場合は内容の5％しか覚えていない、読書が10％、視聴覚が20％、デモンストレーションが30％、グループ討論が50％、そして自ら体験すると75％、他者に教えると90％を覚えているということです。これらの例は大学での学生の学習に関するものではありますが、初等・中等教育でも本質的な違いはないと思われます。能動的な学習をするほど内容が身について、身のため、人のため、ひいては世界のためになるということです（参考文献3）。

それから、もう一つ大事なことは、学校を離れると、もう授業を受ける機会はほとんどないということです。学校を離れてからのアクティブ・ラーニングには教師の支援はないのです。社会において職業生活や社会的自立に必要な能力を見定め、それを常に高める努力を続けることは社会人の使命であり責務であることは一生忘れてはなりません。

なお、アクティブ・ラーニングで、それまでに得た知識やものの考え方を組み合わせ、総合化・複合化して、ああでもない、こうでもないと想像をたくましくしながら自分独自のものや概念を作りだせる能力の養成、すなわち「深い学び」を、文部科学省はディープ・ラーニングと称して、その必要性を強調しております（参考文献1～5）。「学ぶということは、授業の中で得た知識や経験を、自分がすでに持っている知識と関連付けて、そのつど自分自身が新しい全体像を作りあげることです。そうやって得られた知識は、テストが終われば忘れてしまうような知識とは異なり、一生忘れず活用できる知識となります。そのことを、丸暗記と区別して『深い学び＝ディープラーニング』と言うのです」は味わい深い言葉です（参考文献3）。

双方向授業の実施方法は科目によって変わります。それらを総合化したものが、道徳の授業と同じように、双方向授業の根本理念となるのです。このことについては、第2章に述べることにします。

この本は、今の日本の学校教育で、何を変えねばならないのか、それが日本と世界の将来にどのような未来を拓くことになるのかを、先生方、教育関係者、生徒の保護者の皆さん方、そしてすべての市民の皆様に考えていただくきっかけになることを期待して執筆されたものです。

この本を通して、できるだけ多くの方々とお知り合いになれ、お話・ご意見の交換が可能になればこんなに嬉しいことはありません。

本書で引用した学習指導要領の文言は、平成20年（小学校、中学校）および平成21年（高等学校）告示のものに基づいています。道徳の時間が「特別教科」になることに伴い、平成27年3月に小学校と中学校の学習指導要領が一部改正され、小学校は平成30年4月1日から、また中学校は平成31年4月1日から施行の予定です。これらの改正指導要領のうち、本書に引用した部分に相当する部分の文言は改正により少し変わりましたが、その内容には大きな変更はありません。

第1章

双方向授業
―想像力を養おう―

[1]畑田耕一、[2]谷渕初枝

高等学校の授業の大半は先生から生徒への一方通行になりがちです。先生はこれだけのことはどうしても教えておかなければならないと一生懸命であるし、かなりの生徒は、考えることの重要性がいたるところで指摘されるようになった現在でも、先生のお話をそのままノートに写して、それを覚えるのが勉強することだと思っているのではないでしょうか。家に帰ってその日の授業の分からないところを自分で調べたり、先生以上に深く考えたりするのはほんの一部の生徒だけのように思います。これで良いのでしょうか。大学生が、1年生の時の通常の授業はあまり面白くなかったが、2年生になって自分で実験する授業が始まると、能動的に授業を受けることの面白みが初めて分かったと言うことがあります。先生が、授業で学ぶべきことの内容と大体の範囲を生徒に示して、あるいは教科書で指定して、それを生徒に独力で勉強させ、学校の授業の時間では、質問をしたり、特定の項目について先生・生徒が一緒になって討論をしたりする双方向的な形式を中心にすれば、生徒はもっと自分で勉強するようになるのではないでしょうか。

　このような生徒がもっと自分で勉強する授業のきっかけを先生や生徒につかんでもらうことを意図して、2010年に兵庫県立豊岡高等学校の1年生および2年生の総合科学コースの生徒および文系コースの希望者を対象に、以下のような双方向授業を行いました。皆様の参考に

なればと考え、関係者の了解を得て、公表させていただきます。

授業では、最初の約30分間、畑田が「道徳・科学・音楽・自然のつながり」について次に示すような話をし、そのあと、話の内容に繋がりのある三つのテーマについて生徒と話し合いました。

1 「道徳・科学・音楽・自然のつながり」

皆さん、おはようございます。今日は、最初しばらく、「科学・道徳・音楽・自然のつながり」についてお話をして、その後、このお話に繋がりのある三つのテーマ「道徳について考えよう」、「日本語と英語はどう違う」、「男性と女性にはどんな違いがあるのか」、について話し合いをしたいと思います。話し合いの部分では、皆さんが活発に自分の意見を言ってくれることを期待しております。日頃の授業では、先生の言っておられることを聞いて、それをそのまま頭に叩き込んでおけばそれで良いと思っているかもしれませんが、そのような勉強だけでは、社会に出て人の役に立つ仕事をすることは難しいです。これからの日本では、自分の考えをしっかりと持ち、それを発表し皆と議論することがとても大切になってきます。高校時代にそのような習慣を身につけておいて欲しいのです。これから皆さんが生きていく社会では、皆さんが世界をリードするぐらいの覚悟が必要なのです。

皆さんは小学校の時からずっと道徳の勉強をしていますが、「道徳とは何か」と聞かれると答えるのは難しいでしょう。道徳というとすぐに「畳の縁を踏んではいけない」というような行儀作法を思い浮かべる人が多いのですが、そんな単純なものではありません。「道徳的能力」と言い換えると少し説明しやすくなります。道徳とは、ひとことで言えば、「いかに自然と共生するか」ということであり、その仕方をしっかり考える力が道徳的能力です。自分以外の人、動物、植物、ものなど全ての自然に対してどのように振舞うかを判断する力とも言えます。そして自分の振舞いに相手がどのように反応したか、自分の振舞いが、相手が必要としていること、すなわち相手のニーズを満たせたかどうかを正しく認識することが大切です。そのためには、相手とのコミュニケーションが必要です。人間同士なら言葉が通じますが、動物、植物、ものなど人間の言葉の通じない相手の場合は、ああでもない、こうでもないと想像するしかありません。想像力を働かせてコミュニケーションするしかないのです。また、相手が人間でも、既に亡くなられた人やこれから生まれてくるであろう人とのコミュニケーションは想像力に頼るしかありません。それから、皆さんが生きて仕事をしていることの最終の目的は、人々を含む社会の幸せを生み出すことです。ひとことで言えば、世界の平和のためです。その実現には、それまで世界がどのような道を歩んできたのか、という世界の歴史と、これからどのような世界を作り上げていくべきなのか、すなわち世界の未来を考える必要があります。そのためには、すでに亡くなった人、これから生まれてくるであろう人とのコミュニケーションが欠かせないのです。このように道徳で一番大切なものは想像力です。われわれは日常生活のいたるところで、自分の持っている知識や情報だけでは理解することのできない問題に直面します。

それを解決するにはどうすればよいのかと、ああでもない、こうでもないと、想像を巡らせて考えます。それまで経験したことがない難問の解決には想像力がものを言うのです。生きていく力の根源は想像力である、とも言えると思います。

皆さんは家に住んでいますね。家は、雨露をしのぐための場所でありますが、それと同時に自然と共生し、自然と一体になったものでなければなりません。家が自然の雰囲気を壊すようなことがあってはならないのです。昔の伝統的な日本住宅は雨戸を開ければ自然と繋がっている構造でした。家も人間とともに自然に繋がっていたということです。そのうえ、昔の家には先祖が作ったものであるが、一見何に使ったのか分からない物や空間がたくさんありました。家の中で隠れん坊もできるし、古い道具や天井の木目など子どもの興味を引くものがたくさんあって、生きる力の根源である想像力を養う材料に事欠きませんでした。人間が作った家が人を育てているのです。「人は家をつくり、家は人をつくる」とはチャーチルの言葉ですが、家には、学校と同じように教育力があるのです。私は、この家の教育力を住育の力と呼んでいます。皆さんが今いるこの豊岡高校達徳会館（同窓会館）も、古いが素晴らしい日本の建物です。この建物から受けた住育の力は、皆さんの将来にきっと何か大事なものを残していると思います。それが何であったかに気づいた時、たとえそれが10年先、あるいは20年先であったとしても、できるだけ早く学校に帰ってきて先生に報告して下さい。それが、その後の豊岡高校の教育に大いに役立つのです。畑田家住宅活用保存会のホームページの文・随想の欄に「住育」について書いた文章があるので（参考文献1～4）、興味のある人は読んでみて下さい。

ところが、最近建てられた家には、自然から遮断され、自然から閉ざされた空間になってしまっているものが、かなりあります。地震対策のみを考えすぎて、単なる箱になってしまったのかもしれません。これは本来の家の姿ではないと思います。空間を効率よく使い、機能的で便利にできてはいますが、一種のゆとりのない空間になってしまっています。そういうところからは、想像力の産物である新しい文化は生まれてこないような気がします。

でも、想像力を養う環境は他にもいっぱいあります。この豊岡周辺にも古い日本の家がたくさん残っています。兵庫県は古い日本の家の代表的存在の一つである国の登録有形文化財建造物の大変多い県です。特定の日時には一般公開している登録文化財もあります。そういう歴史的建造物を時々訪れるだけでも想像力養成の助けになります。

音楽や絵画などの芸術作品の鑑賞は想像の世界に遊ぶことに他なりません。読書もそうです。音楽と想像力については後で少し触れることにします。

次は、科学のお話です。人文科学も社会科学も科学ですが、今日お話するのは自然科学です。自然科学は、自然界に起こるいろいろな現象がどのようにして起こっているのか、すなわち、自然現象のメカニズムを研究する学問分野です。それを通して、新しいものや考え方をつくり出すのです。先ず何をやろうかということ、研究のテーマを考えます。テーマが決まったら、その解決方法を、あれこれと考えます。テーマの選択もその解決も想像力を働かせて行う仕事です。自分が選んだテーマが本当に世の中に必要で役に立つものかどうか、もし、そうであれば、その目的を達成するにはどんな方法が良いのかを、それまでの経験と知識をもとにし、想像力を駆使して考えなければなりません。何度も何度も失敗を乗り越え、試行錯誤の末、やっと目標にたどり着いた時、周りの人達は成功したあなたを創造力のある人と評価してくれるでしょう。でも、それは想像力の集積の結果なのです。科学の世界を生きる根底の力は想像力です。

音楽の世界でも想像力は非常に大事です。音楽はいろいろな周波数と強度の音の組合せの時間変化です。この点では、音楽は、言語と全く同様ですが、音の変化の意味についての明瞭な定義がないだけに、自由に楽しく想像しながら聞くことができます。もちろん、作曲者の作曲の意図などについての知識を書物から得ることはできますが、音楽を聴くことの楽しみは、自由なイメージ作りと想像にあると私は思います。音楽を聴くときは、想像力を逞しくしなければなりません。特に、クラシック音楽を聴くときはそうです。曲を聴きながら、想像力を働かせてベートーベンやモーツアルトとお話をしているわけです。音楽の演奏も、作曲者の意図を、想像力を働かせて考えながら、またこのように演奏すれば聴衆はどのように聴き応えてくれるかなと想像しながら、楽譜を音に変えるという操作であって、楽譜の内容を単に機械的に音に変えることではないはずです。作曲の仕事も根底の力は想像力だと思います。音楽と自然科学の世界には共通するもののあることを分かっていただけたと思います。音楽は想像力の集積の結果であり、生きるための根源の力である想像力を高めるのにも役立っています。音楽は人間の生きる力を高めてくれるのです。「人は音楽をつくり、音楽は人をつくる」といってもおかしくないでしょう。

音楽会では会場の音に対する反応が大事です。ヨーロッパの石のホールは音を完全に反射してくれるので、非常に良く鳴るそうです。木の建物では木が音を若干吸収して音のエネルギーを熱に変えてしまうので、音楽会には使いにくい場合があるようです。木はセルロースという分子からできています。切ってしばらくは水がセルロース分子の間に入っているのですが、時間が経つとこの水分子が抜けてセルロース分子同士が固くくっつきます。切ってから100年ぐらい経った木は、セルロース分子の相互作用がとても強くなって、音をほとんど吸収しなくなるのです。私の生家の畑田家住宅は建ててから140年くらい経っていますから、小規模な音楽会の会場としても使えます。関西二期会ソプラノの畑田弘美さんは、「畑田家住宅は伝統的な木造日本家屋で、天井は高く、100年以上の歳月を経て固くなった大きな柱、梁や鴨居などでできた木組み、室内の広い平面と外の広いお庭など、美しい音楽を生み出す条件が揃っているのです。広い庭は歌い手が視線を遠くに向けて歌声を響かせるのに役立ちます」と述べています。音楽は自然の奏でる音から生まれたと、私は思っています。音楽は自然の声の変奏であり、常に自然と共にあるともいえます。いちど畑田家に来て、歌ったり楽器の演奏をしたりしてみませんか?

ボストン交響楽団による夏の大イベント、タングルウッド音楽祭では、自然に向かって開かれている音楽堂で音楽が演奏され、多くの人々が芝生でピクニック気分を満喫しながら、最高級の音楽を楽しむことができます。まさに自然に見事に溶け込んだ音楽の祭りです。コウノトリが生息する豊岡市ハチゴロウ戸島湿地とコウノトリの郷公園で行われた木野雅之のヴァイオリン演奏は、まさに自然を聴衆とする音楽会です。コウノトリをはじめ湿地の動物・植物たちは、木野のヴァイオリンをどのように楽しんだのでしょうか。是非とも聞いてみたいものです。自然と融合するところに音楽の原点があると言いたくなります。

この辺りまで話を聞くと、音楽の世界と自然科学の世界は何か繋がりがありそうだなと思いませんか。その通りです。その根底の力はどちらも想像力です。科学と音楽は非常に関係が深いのです。自然科学を目指している皆さんは音楽にも親しんでいただきたいと思います。世界の平和は未来を見通す力、想像力なしには保てません。音楽は、人々の心に安らぎを与えるという直接的な効果だけではなく、多くの人々の想像力を豊かにするという働きを通しても世界の平和に貢献しているのです。自然科学の究極の目的も人々の幸せ、世界の平和であることも忘れないでください。そして、今ここでお話をしていることは、自然科学だけでなく、人文科学、社会科学、あらゆる科学に通用すると私は思っております。

さて、音楽は自然科学よりはうんと広い範囲の人たちに親しまれています。小さいときから楽器を操る子どももたくさんいますが、不思議なことに女性が圧倒的に多いのです。2010年から2011年にかけて放映されたNHKテレビの朝ドラ「てっぱん」でトランペットを吹くヒロインあかりも女性でした。そこで彼女は良いことを言っていました。「トランペットを吹いている時、このトランペットはいい音を出してくれると思っていると、トランペットの方もよく鳴ってくれる」と。「これはこのトランペットはどんなふうに吹いて欲しいと思っているのかを考えて吹けば、よく鳴りますよ」ということを言っているのです。トランペットを吹くときにも想像力が非常に大事なのです。話を元に戻します。子どものときに楽器を習っている人はほとんど女性です。ところが、世界的に活躍している音楽家は男性が多いのです。これはなぜなのでしょうか。この問題を、後で皆さんと一緒に考えることができたら幸せです。

音楽と想像力の話にかなりの時間を使いましたが、「さあ、これから音楽会に行って想像力を高めて下さい」などと言うつもりはありません。想像力の養成・向上は、あくまでも音楽の教育的・社会的側面であって、音楽の本質は、聴く人の心に、よくは分からないけれども、「何か凄いなあ」というような、大きな感動をもたらすところにあります。疲れた心に安らぎを与え、落ち込んでいる人に生きる力を注ぎこみ、わけは分からないけれど、何か凄いなと思わせるのが音楽です。われわれは音楽を通して人間を取り囲む自然の声を聞き、そのやさしく、美しい面に触れて、生きる力をもらっていると言えます。でも、その底には、先ほどお話したような大事な問題が潜んでいるのですよ、音楽というのは凄いものなのですよ、音楽に親しんでいるうちに凄い力が自然に乗り移ってくるのですよ、ということを、今日はお話ししたかったわけです。

最後にもう一つ大事なことをお話しします。最近、世界の哺乳類のかなり多くが絶滅の危機にあります。これでは最後は人間も滅びることになりかねません。このような状態を招いたのは、哺乳類の一種である人間の生活活動であり、それに科学と技術が関わっていることも事実です。科学者・技術者の道徳観、倫理観があらためて問われているともいえます。これまでの人間の道徳的なものの考え方があまりにも人間本位の視野の狭いものであった所為(せい)でもあります。それを見事に表現した詩を紹介します。

虹

まど・みちお

ほんとうは
こんな　汚れた空に
出て下さるはずなど　ないのだった
もしも　ここに
汚した　ちょうほんにんの
人間だけしか住んでいないのだったら

でも　ここには
何も知らない　ほかの生き物たちが
なんちょう　なんおく　暮らしている
どうして　こんなに汚れたのだろうと
いぶかしげに
自分たちの空を　見あげながら

その　あどけない目を
ほんの少しでも　くもらせたくないために
ただ　それだけのために
虹は　出て下さっているのだ
あんなにひっそりと　きょうも

作者のまど・みちおさん（１９０９年11月16日～２０１４年2月28日）は１００年余りにわたって、この自然を見てこられ、その間にこの世の中に起こったいろいろな出来事を思い浮かべつつお書きになった詩だと思います。

（まど・みちお少年詩集「いいけしき」、理論社１９８１年より）

ここでお話した道徳と想像力についての内容は、第4章および第5章にさらに詳しく述べております。参考にして下さい。

2　生徒との話し合い1
「道徳について考えよう」

畑田　以前に皆さんに科学と道徳についてお話をしたことがあります（参考文献5および6参照）。その時の皆さんの感想文を読むと、「科学と道徳が関連しているとは思ってもみなかった」、「道徳とは何かを考えたことはなかった」、「根本原理は大切であるということを初めて聞いた」という意見がかなりありました。科学や道徳に関係する授業を小学校の時から長い間受けてきて、こんなはずはない、と思いました。もし、本当にそうだとしたら、「これまで一体なにを勉強してきたのか」と言いたくなります。そういうことも頭に入れて、今日は、どんどん意見を言って下さい。皆さんは、これまで道徳とは、どういうものだと考えていましたか。

生徒　道徳は、マナーとかルールとか、一緒に暮らしている他の多くの人に迷惑をかけないようにするには、どうすればよいかを学ぶことと考えていました。

畑田　それは道徳の一部ですね。今までの長い間それだけをやっていたということはないと思います。他にどんなことを勉強していましたか。

生徒　小学校では何かビデオを見て、感想を書くっていう感じでした。中学校では1週間に1回の道徳の時間の中で、道徳、学活（学級での教育・学習活動）と総合的な学習のどれかをやっていました。

畑田　つまり道徳とは何かを深く考えることはなかったのですね。

生徒　そうですね。

畑田　道徳はあらゆる学問の根底だと私は思います。文部科学省も、最近、道徳の特別教科化に際して、同じようなことを言っておりました。皆さんはそれを学ばずにきたということですね。

生徒　道徳とは人間が生きていくうえで学ばなければならないルールだと思います。

畑田　誰が作ったルールでしょうか。

生徒　人間です。

畑田　そうですね。我々の社会をつくっている人間がつくったルールといえるでしょうね。ここでいうルールとは、法律のことではなく、社会人が習慣的に、それが普通だと考えている行動の手本、あるいは、人生の根本原理に適っていると考えられる行動の手本を意味します。道を歩くときには、先ず道路交通法に従って歩きます。でも、法律に違反していなければ、どんな歩き方をしても良いというわけではありません。車の運転者が急ブレーキを踏まなければならないような道路の横断の仕方は、たとえそれが法律の範囲内であっても、してはいけないのです。これは、法律でなくて道徳です。自分で行いの仕方を考えて、実行に移すのです。法律は外部からの規制であり、道徳は自分で考えて行う内部規制です。法律を守ることは大事ですが、それだけでは交通の安全は保てないことがあるのです。それを補うのが道徳です。

生徒　守らなくても罰せられないが、皆の常識になっているというようなものですね。

畑田　そのとおりです。普通の社会では皆の常識に従うのが道徳的な振る舞いと言えると思います。もう少し具体的な話で意見を言ってもらうと、おもしろいかもしれません。

生徒　小学校の道徳の時間は「いじめはだめ」とか「差別はだめ」みたいな内容だったので、多くの人が生活する社会で、考え方がばらばらだとうまくいかないので、考え方にひとつの方向性を持たせるための授業だったと思います。常識として、皆が同じ考え方になるようにするための、一種の洗脳みたいな時間であったように思います。

畑田　いじめや差別は、してもよいという人はいないので、この2つのテーマについては皆が同じ方向を向くのはよいと思いますが、どんなことでも、全員同じ方向に動かなければならないとなると、これは問題です。小学校の道徳の授業を洗脳とまで言い切るのは少し行き過ぎのように思いますが、道徳は人をあるひとつの方向に向かわせる力を持ちかねないですね。別の言い方をすると、そういうことを強制する方向に道徳が向かっていくと、戦争中の道徳のようになります。今、「昔は良かった、昔は道徳が行き届いていた」という人がいますが、皆さんは、戦争中の「敵を殺すことを良し」とする行動を道徳的と思いますか。先に述べた「科学と道徳」の授業の感想文の中に、「考え方は人それぞれ違うので、その共通項をつかまえるのが対話である」と書いていた生徒がいましたが、これは大変大事な指摘です。

生徒　今から見るとだめなことでも、時代によってはそれが必要ということもあると思います。

畑田　当時も敵を殺すことがよいことだと思っていたのでしょうか。

生徒　当時は勝つためだから、人を殺しても英雄になれるし、戦争に勝つためには敵を殺さなければだめだという感じだったと思います。

畑田　それが先ほどの洗脳に当たることだと思います。少し話は変わりますが、豊岡高校の理科の先生の一人の渋谷先生が、文部科学省から派遣されて、今、マラヤ大学で日本への留学希望者を教えておられます。その先生から聞いた話ですが、クラスの中の優秀な生徒が「日本に行って、世界の平和のために、最新の兵器を作る技術を勉強したいと思います」と言ったそうです。この考え方をどう思いますか。

生徒　人を殺すための兵器を作ろうと思うのも、その時代に流されている考えで、兵器を作らなければならない時代だからそう思うのだと思います。

畑田　最新鋭の兵器を作る技術を一生懸命向上させて、素晴らしい兵器を作ることが世界の平和のためにプラスになるかマイナスかという問題ですね。使用すれば、恐ろしく残酷な結果を招くような兵器を作った上で、それを絶対に使わない努力をするというのも現実を見据えた道徳と言えるのかもしれません。「道徳のない経済は犯罪である。しかし、経済のない道徳はたわごとである」これは二宮尊徳の言葉です。今の世の中は、使えば恐ろしい結果をもたらすかもしれないような兵器を作ることがある程度必要な時代かもしれません。人間は世界中の人が武器を持たなくても平和にやっていけるというところまでは進歩していません。でも、いつまでもその状態では、地球の将来はないというのも間違いないことです。このような問題をどのように解決していくかが人間の知恵であり、その根底にあるのが道徳です。皆さんがこれから学んでいくことです。原子爆弾は良いものではありませんが、その開発研究を原子力の平和利用に繋いだのは人間の知恵であり、人間の道徳です。この辺を頭に入れておく必要があります。

生徒　小学校から道徳を週1時間勉強してきましたが、道徳が何かを考えたことはありませんでした。道徳についてもいろいろな考え方があり、今まで自分が気づかなかったことも見えてきました。自分は、最初、道徳は人生をよりよく生きるための土台作りと思っていたので、ここで皆の意見を聞いて視野が広くなった気がします。

畑田　広島と長崎の原爆は、日本がもう2週間早く戦争の終結に踏み切っていたら、落ちなかったのは事実です。ただ、アメリカにも原爆を落とすことに強力に反対した人たちがいたそうです。一つは、戦争が終ったあとで、軍が日本を占領する時に、原爆を落とすと日本人がアメリカに強い反感を持つようになり、占領がしにくくなるという反対です。他の一つは、原子爆弾はいくら作っても平和な時代に何の役にも立たない。戦争を終わらせるのは平和な時代を築くためであり、今後は、原子力の平和利用こそが大事である。今、日本に原子爆弾を落として、日本人が原子力アレルギーになってしまうと、原子力の平和利用に対して大きな逆風を吹かせることになるという反対です。前者は、近未来を、後者はかなり先のことを見通した意見です。結局は、トルーマン大統領の判断で、原爆は落とされてしまうのですが、戦争中に、新鋭の兵器を使うかどうかについて、これだけの議論がなされていたのは立派なことだと思います。想像力を駆使して将来を見通す能力の凄さを感じます。アメリカには、日本に比べて、いろんな考え方の人が集まっていますので、その面での苦労も多いと思います。日本はそんな苦労はあまりしてこなかったのかもしれませんが、そのかわり、世界の人たちと仲良く暮らしていくにはどうしたらよいかというようなことを考える力が不十分なのかもしれません。これは、これからの皆さんの肩にかかっている大事な問題だということを頭に入れておいてくださ い。これらの問題の中に原子力発電や日本国憲法の問題も含まれていることを忘れてはなりません。

3 生徒との話し合い2「日本語と英語はどう違う」

畑田 他の人たちと仲良く生きていくのには、コミュニケーションが不可欠です。それには言葉が必要です。皆さんは日本語でコミュニケーションしていますが、日本語が通じないところでは、世界共通語である英語を使うことになると思います。

さて、皆さん、英語は好きですか。英語の嫌いな人手を挙げてください。ほんの少しですね。皆さんの大部分は英語が好きということになるのでしょうか。それでは好きな人は手を挙げてください。これもあまり多くない。ということは、皆さんの大部分はこの問題には無関心または好きでも嫌いでもないのか、あるいは、この質問には答えたくないのか、あるいはまた、自分の意見を人に表明することを好まないのか、のいずれかということになるのでしょうか。ひょっとすると、これまでに先生からこんな質問をされたことがなくて、戸惑っているということもあるかもしれませんね。ただ、簡単な質問に対する今の皆さんのような答え方は、国際社会では通用しないと思います。「皆さんは私の言っていることを真面目に聞いているのですか」ということに、なりかねません。アメリカ人の先生だったらここで怒って帰ってしまうかもしれません。それでは、とても、世界をリードすることはできません。

もう一つ、言葉に関する大事なことをお話ししておきます。日本は資源に乏しい国なので、世界に貢献するためには科学・技術の分野で成果を挙げることが大事であるとよく言われます。いま日本で研究されている自然科学の大部分のルーツは、西欧諸国にあります。自然科学の分野での国際的なコミュニケーションは英語で行われることが多いのです。これを日本語で行うことはほとんど不可能です。また、自然科学の分野でのものの考え方の表現には英語が適していることも確かです。皆さんは、将来、自然科学に関係の深い仕事につく人を養成するコースの生徒ですから、日本語だけでなく、英語もしっかり勉強して下さい。

ところで、君は先程、英語が好きと答えていましたが、英語のどこが好きですか。

生徒 はっきりしているところです。

畑田　具体的にいうと？

生徒　「誰がどうした」が、はっきりしているところです。

畑田　大抵の英語の文章には主語があるということですね。これは日本語との大きな違いです。そこが好きだというわけですね。

皆さん、どんなことでもいいから言って下さい。「それは違うよ」というようなことも言わなければだめですよ。そうでないと議論が弾みませんから。

生徒　私は英語より日本語の方が好きです。日本語の方が、表現がいろいろできて分かりやすいです。

畑田　それはある面ではそうかもしれませんが、君がまだ英語をあまり勉強していなくて、英語の表現をそんなにたくさん知らないからかもしれません。いずれにしても、私も含めて、英語で苦労していない日本人はいないと思います。世界中、外国語で苦労しない人はいないと思います。それは皆が乗り越えなければならない壁です。今、ここで議論してほしいことは英語と日本語がどう違うのかということです。先程の繰り返しになりますが、自然科学の世界で何か仕事をしてその結果を発表するとき、口頭発表、論文発表とも日本語はほとんど役に立ちません。皆さんにとっては、日本語以外では英語が一番使いやすいと思います。さあ、皆さんどんどん意見を言って下さい。Time is money という諺がありますし。君達が黙っている間も、国家の税金は君達のために使われているのですよ。

生徒　英語は日本語より説明的で論理的な気がします。

畑田　君は先程英語が嫌いと答えていましたが、それでは、説明的、論理的になるのが嫌いということですか？　理屈を言うとそういうことになりますね。

生徒　いや、そうではなくて、日本語と語順とかが違っていて、分かりにくいし、使いにくい。

畑田　それは確かにそうです。日本語と英語では語順は違いますが、でも間違った語順でも何も言わないよりはましですよ。他にどんな問題があるでしょうか。

生徒　日本語だと曖昧で済ますこともできるが、英語だときちんと意見を言わなければならないから、そういうところが困るのです。

畑田　そういうことを言うと、ますます問い詰められますよ。それじゃ君は一生何事も曖昧にしてごまかして生きていくのか、ということになります。それは世界に通用しないと思います。ただ、今の君の発言は大変重要な問題を含んでいます。英語は説明的、論理的で自分の意見をはっきり表明しなければならないが、日本語なら曖昧にしたままで済ませるという考えは、私には、道徳的とは思えません。そんな考えは世界では通用しないと思います。もちろん、自然科学の世界で物事を曖昧にしてごまかすというようなことは通用しません。科学は英語でやる方が良いという指摘は当たっていると言えます。しかし、完全に日本語の性格が消え去った日本人の自然科学には文化としての意味がないということも頭に入れておいてください。なぜなら、文化を認識するときに一番大事なのは、誰が、いつ、どこで、何をしたかということですから。

生徒　今まで習ってきた英語では語彙が少なくて、自分の思うことを英語で表現するのは難しいのですが、意見とかをスパッといえるのは英語かなと今思います。

畑田 今日ここにいる皆さんは中学校の1年から英語やっているから、少なくとも3年半は英語を勉強しています。それでも英語が自由に操れません。何が原因だと思いますか。語彙が少ないのはもちろん原因の一つかもしれませんが、それ以外に、英語の文章を書いたり話したりするのに何が足りないと思いますか。

生徒 英語では何か特定の事実は言えるのですが、自分の考えを言うのが難しくて、少ししかできないのです。

畑田 なぜ言えないのでしょうか。例えば、「英語を自由に使うのに何が不足していると思いますか」というのを英語ではどういう言い方が一番適していると思いますか。日本語で考えたことを機械的に英語にするのではなくて、こういう時に、英語ではどう考えるのかを体得するのが大事なのかもしれませんね。

谷渕 不足といわずに、What do you need for talking English at will? と言えばいいですね。そう言うと英語らしくなります。

畑田 そうですね、相手のニーズを満たすのは人間が生きていくうえでの根本原理です。相手が必要としていることをする、相手のニーズを満たすのが人間の生き方の本質であり根本原理です。ひょっとすると、英語の方が日本語に比べて本質的なことを言う能力を持っているのかもしれませんね。スパッと直接的に言える、「何が不足しているか」は日本語ではおかしくないが、英語では「何が必要か」という言い換えをするべきだが、それをなかなか思いつかない理由の一つは、語彙が不足しているからでしょうか。

谷渕　語彙は圧倒的に不足しています。

畑田　でも、高校生ならかなりの単語を覚えていますよね。それがすぐに出てこないのはなぜでしょうか。知っていても出てこないのは？

谷渕　それは、日本という英語なしで不自由なく暮らせる環境が大きく影響しているのだと思います。英語が上達するには、自分でその必要性を感じて、自分で場面を作り、意図的に訓練するしかないのです。壁に向かって練習することも可能です。CDもあります。

畑田　そうですね。CD、インターネットなど利用できるものはたくさんありますね。要は努力不足ということでしょうか。

谷渕　そうですね。英語が話せる人は皆一定期間集中的に努力していますね。

畑田　英語しか通用しない環境を自分の周辺につくるという方法もありますね。友達同士でこれからずっと英語で話そうというのは難しいですかね。

生徒　科学の勉強をするのに、言葉は重要だと思います。

畑田　今日、本当に議論したかったのは、自然科学の中で英語はどういう役割を果たしているかということですが、いきなりそういう議論をするのは少し無理だったかもしれません。ところで、外国の論文を読もうとすれば、外国語、大抵の場合、英語で読むしかありません。自然科学の分野では、ドイツ人、フランス人、イタリア人もほとんど英語で論文を書いています。昔、どうしてもイタリア語で書かれた論文を読む必要があって、イタリア語

4週間という本を買って勉強し、何とか読んだことがありました。先程、谷渕先生が言われたように、必要があって、努力すれば何とかなるものです。ただ、私の場合、読んだ内容の大部分は頭の中で、原文のままではなくて、日本語に変わってしまっています。母国語が英語の人は確かに科学の世界ではある程度有利ということはあるかもしれません。

生徒 さて、誰かマイクを取りに来てでも意見を言ってやろうという人はいませんか。英語は大切だし、言葉が大切ということはよく分かったので、これから頑張ります。

畑田 大変嬉しい意見です。英語の学習も科学の学習と同様に、頑張ってください。

生徒 英語は使えないと意味がないと思います。数学や理科などとはそこが違うと思います。将来、外国の人と話をし、一緒に仕事をする必要があるから学んでいるのであって、文法を学ぶためではないのです。授業でも、もっと自分を表現する機会、話したり書いたりする機会がないとだめだと思います。

畑田 自分で話したり書いたりする機会がないと確かに上達はしない、その通りです。ただ、日本語と英語は文の構造が全く違うので、そういう言語の場合は、文法をしっかりと頭に叩き込んでおかないと使えません。その言語の根本原理だけは頭に叩き込んでおかないといけない。これは大事なことです。あとは、君自身が、英語でどんどん発信すれば良いのです。たとえば、豊岡にも英語で買い物ができるところはあるでしょう。「変なやつ」と思われないかな、などと心配したりしないで、どんどん英語を使って下さい。

何をするときでも、それが反社会的な行為でない限り、「変なやつだな」と思われないかな、というような遠慮・心配は無用です。

4　生徒との話し合い3「男性と女性にはどんな違いがあるのか」

畑田　最初にお話しましたように、日本で、音楽、特に楽器の演奏を子どものころに習っているのは、ほとんど女性です。大学までは音楽を学んでいる学生は、女性が非常に多いのに、世界的なプロの音楽家には、男性が多い。これは、なぜでしょうか。今日ここにいる皆さんは、20％くらいが女性ですが、音楽の場合と同じように、プロの自然科学者は、今のところ男性が圧倒的に多いのです。8割を超える国立大学が、女性教員の活躍促進の取り組みをしていますが、女性教員の全体に占める割合はまだ11・9％にとどまっていることが、科学技術政策研究所の調査で明らかになっています（参考文献7および8）。国立大学協会は、国立大学の女性教員比率を20％以上に引き上げることを目指しています（参考文献9）。学会で発表している人を見ても圧倒的に男性が多いのです。それは才能の問題だという人があります。でもそれだけでしょうか。差別という問題も考えられます。最後に、この男性と女性の問題を、話し合ってみたいと思います。

キュリー夫人は夫のピエールと共にノーベル賞をもらいましたが、授賞式ではピエールだけが記念講演をしています。これは明らかにフランスでの女性差別です。これを何とかしようとして、マダム・キュリーは科学アカデミーの会員に立候補するのですが、ついに果たせませんでした。その娘のイレーヌも立候補しますが、その目的の一つは女性差別に反対する意思表示でした。フランスで女性に参政権が与えられたのは、日本と同じ、第2次世界大戦の後1945年のことです。同じ年に、ハンガリーとイタリアでも女性参政権が認められています。女性差別は日本だけの問題ではないのです。

私の講義「科学と道徳」の感想文の中の、「畑田先生が伝えたかったことは何か」という欄に豊岡高校の生徒の皆さんが書いてくれた項目を男女別に整理してみましたが、あまり有意な差はありませんでした。少なくとも高校生の段階では男女の考え方に大きな差はないと言えるわけで、これは大事な結論だと思います。でも、これから皆さんが出て行く社会ではどうなのでしょうか。

谷渕　社会での男女差の問題はいろいろな面から具体的に考えることが必要です。子どもは女性にしか産めません。女性が子どもを産んでくれるので、男性が子どもを育てればバランスがとれるという考えも問題です。男に小さな赤ちゃんを育てる能力が備わっているかという問題があります。いろいろなことがありますが、この辺をどう思われますか。母性は、女性にある程度生まれつき備わっているものであり、壊れそうな赤ちゃんを育てる能力は母性として女性の方に備わっていると私は思っています。子育ては、女性の方が得意だと思います。

畑田　ということは、女性は子育てをかなりの時期やらねばならない。そのようなことをしていたら研究ができないから私は子どもを産まないという女性の研究者が多くなってくると、非常に大きな問題です。今日はこの問題を議論するのに十分な時間はありませんが、少しだけ話し合ってみたいと思います。

生徒　プロの音楽家や科学者に男性が多いのは、男性の方が、決断力があり、行動力があるからだと思います。

畑田　男性の方が、決断力があり、行動力があるというわけですか。そう思う人、手を挙げてください。１人ですか、では、残りの人はそうではないと思っているのですか。あるいは、そんなことは考えたこともないので、急に聞かれても意見が言えないということでしょうか。いずれにしても、決断力や行動力が有るか無いかは大事なことです。他の人、意見はどうですか。

生徒　僕は女性の方が決断できるし、行動できると思います。

畑田　そういう女性もたくさんいることは確かですね。

生徒　私は男性、女性ではなく、個人差が大きいと思います。

畑田　いろいろな考え方があるとは思いますが、私も君と同じ意見です。ところで、音楽を学ぼうとする人は、大学までは圧倒的に女性で、その後のプロの世界では男性が非常に多くなると、先ほど言いましたが、これはなぜだと思いますか。

生徒　子育てなどが入ってきて、断念してしまうのではないかと思います。

畑田　谷渕先生は、子育てをしながら英語の専門家としてやってこられたわけですが、ご意見をどうぞ。

谷渕　そうですね。女性は確かに一定のハンディキャップを負っています。子育てをするためには一定期間、例えば研究生活をしていてもブランクができるわけですから、それはその人にとって不利な条件になります。それとは別に、これは私の勝手な考えですが、男性の方が闘争心は強いと思います。プロになって上に向かっていくには闘争心が必要ですから、プロに男性が多いのはそういう面と関係があるのかなと思っています。

畑田　つまり男性の方が、争いというか競争が好きだと。

谷渕　そうですね。正直言って、女性は戦いをあまり好まないと思います。

畑田　ということは、これからの時代は女性の方がいい？

谷渕　そうです。これからは、平和な時代ですから、女性が活躍するのではないでしょうか。

畑田　しかも、女性の方が家事や子育てに苦労してきているということです。田上先生、男性の立場からひとこと如何ですか。

田上　私には厳しい質問ですね。子育てもほとんどしていないし、参加もしていない。料理は、カレー以外はできないし、女性に比べるとそういう点では圧倒的に劣っています。大学のときの英語の授業のテキストに女性のほうが優れているという内容のものがありましたが、読めば読むほど納得して、実際その通りでした。社会的な立場の違いでプロには男性が多いですが、日本だには男性が多いのかなと思います。料理の世界でもプロには男性が多いですが、日本だけでなく世界でもそうです。

畑田 現在は、女性がある種の不利な条件を背負って仕事しているということがあり、社会的に男性と同じになろうとすると男性よりもかなり高い能力がないとできないということもあるかもしれません。私も子育てには、ほとんど参加していませんでした。料理もどうしても仕方ないとき以外はしませんし、レパートリーも狭いです。これからは、男性、女性が一緒になって、女性が社会的に活動するうえでの不利な条件をできるだけ取り除いていく努力が大事なのだと思います。

生徒 女性の方が子育ての能力を備えて生まれてきているのだから、社会的地位とかではなくて、女性は、先ず子育てをやるべきだと思います。でも、社会の中で女性も活躍するべきなのですが、それは難しいなあと、今、思っています。

畑田 女性の方がせざるを得ないというか、した方がいいことが男性に比べて多いということですね。その補いをするために、女性のニーズをどのようにして満たすかというところが非常に大事なところなのですが、そのための社会的システムが未だうまくできていない。それが完成すれば、男女共に社会に対して立派な貢献ができるようになってくるのでしょう。そのうえで能力の差、適性の違いという問題を改めて深く考える必要があるのだと思います。私には、音楽の世界で女性に適性がないとは思えないのですが。いわゆる新しいものを作り出すというところで、男女の能力に差があるのかどうかは、これからの興味ある問題の一つです。是非、もう一度機会を作って、皆さんとともにゆっくりとお話をしたいと思います。
今日のようなかたちの授業は皆さんにとっては初めてのことで、最初は若干の戸惑いもあったかもしれません。最後に皆さんに一つお願いしておきたいことがあります。それは、自分で、どんなことでもいいので、一つのテーマを決めて、それについて自分で一生懸命考えるという習慣をつけていただきたいということです。ただ考えているだけでは、またすぐに忘れてしまいますので、考えたことを文章にして下さい。英語でも日本語でもいいのです。文章に書いたものを友達に見てもらい、次に先生に見てもらい、お互いにそのテーマについてじっくり話し合って下さい。自分でも納得のいく文章ができ上がったら、それを学校のホームページに載せて、一般の人にも読んでもらってはいかがでしょうか。それでは、今日の授業はこれで終わりにしたいと思います。またやりましょう。有難うございました。

※本稿は畑田家住宅活用保存会ホームページみんなの教育欄掲載の「高等学校における双方向授業の試み（２０１０年11月11日公開）」(http://culture-h.jp/hatadake-katsuyo/ed-sohhokoh-jyugyo.pdf)を、許可を得て改訂・補筆し、内容を刷新したものです。

※ホームページ掲載当時、著者の[1]畑田耕一は大阪大学名誉教授、[2]谷渕初枝は兵庫県立豊岡高等学校教諭

第2章　双方向授業は日本の未来を築く

畑田耕一[1]、岡本　博[2]、関口　煜[3]、
山元行博[4]、船曳裕幸[5]

今の子どもは、昔と違って、人前でも物怖じしないで堂々とものを言います。小学生でも高学年なら、先生が促せば、質問をしたり、意見を言ったりする子どもがかなりいます。これは今の子どもの大きな長所です。もう一つの長所は、コンピューター操作をはじめとして、いろいろな情報技術に優れていることです。

しかし、これらの長所には次のような問題が付随しています。一つは、自己表現力に優れ、パフォーマンスはできるが、人と相互に繋がるようなコミュニケーション、真のコミュニケーションの力が弱いことです。他の一つは、中学生、高校生も含めて、あらゆる分野の根本の力である読み書きそろばんの力が弱いことです。長い文章、難しい文章を読む子どもは非常に少なくなっており、その結果として文章の構成力にも欠けます。でも、このような事態を嘆く必要は毛頭ありません。高い自己表現力を教師と生徒の対話型授業、すなわち双方向授業を通して対話能力の向上に繋ぎ、情報技術を最大限に活用して真の読み書き算盤の能力を養う努力を子どもたちにさせれば、多くの素晴らしい人材が生まれるはずです。この考えが間違いでないことは、兵庫県立豊岡高校での双方向授業の試行結果に基づいて書かれた第1章の「双方向授業 —想像力を養おう」をお読みいただければ、お分かりいただけると思います。

この第2章では双方向授業の本質、意義、必要性、実施上の諸問題と期待される効果などについていろいろな観点から詳しく考えてみたいと思います。

なお、本章は、文末に詳記したように、豊中ロータリークラブ主催の教育フォーラム「学校教育における双方向授業を考える」の内容に、その後に現れた諸問題を加えて書かれたものです。

1 双方向授業とは

双方向授業とは、序章でも述べたように、教員が生徒に対して一方的に教え込むのではなく、生徒と教員の間、あるいは生徒同士間の積極的なコミュニケーションが存在する授業のことです。いちばん簡単に実行できる双方向授業は先生が生徒に時々質問して答えさせる授業です。このような授業でも、一人の生徒の答えに対して、別の生徒が「私はそうは思いません」と言って、別の答えを言ったり、さらには、生徒が自主的に質問するようになったり、生徒の質問に別の生徒が答えるというふうになれば、授業の双方向性が一段と高まります。双方向授業は教師が教壇からしゃべるだけではなく、生徒の中に分け入って、時々生徒に質問したり、意見を聴いたりするだけで、容易に始めることができます。

小学校の授業は従来からかなり双方向的に行われています。中学校、高等学校と学年が進むにつれて、教えなければならないことが多くなり、授業時間のゆとりがなくなって、教える一方の授業がどうしても多くなります。生徒の知識が増えてその内容も豊富になり、双方向授業の効果が大きくなることが期待される高学年で、折角の双方向授業が行いにくくなるというのは誠に残念なことです。

双方向授業の実施方法は科目によって変わります。たとえば、歴史や社会の授業では、質問だけでなく、先生と生徒が一緒になって意見の交換をするというような授業も容易に行えます。英語の授業は従来から双方向的です。中学校上級から高校では英語だけしか使わないというような環境を作りだせば、双方向授業の効果が一段と上がるはずです。高校では暗記ものの典型の様に言われる化学は実生活との関わりを考えながら、双方向的に実施しやすい授業の一つです。例えば、酸、アルカリというのは大抵の生徒が知っている用語で、家庭でも料理用の酢、炭酸飲料、トイレの洗浄剤などいろいろな酸が使われていますが、その内容の詳しいことは意外に知られていません。酢に数%含まれる酢酸、炭酸飲料中の炭酸、洗浄剤中の塩酸は全て酸ですが、その酸としての強さはかなり異なります。酢と炭酸飲料は飲めますが塩酸を飲むわけにはいきません。生徒のいろいろな知識を基に、双方向的に授業を進め生徒の理解を深められる格好の題材の一つです。

科目の違いだけでなく、教育現場の状況によっても授業の方法は左右されます。最終の目標である生徒の学習意欲とコミュニケーションの能力向上に繋がるものである限り、方法の違いは問題ではありません。第1章に記した高等学校での双方向授業では、生徒はみな結構意見を言ってくれて、面白い授業になりました。

日本の学校では、生徒が授業の後でよく個人的に先生に質問に行くのですが、これを授業中にやれば、質問とそれに対する答えを皆で共有できて、他の生徒の学習意欲を高め、ひいては、クラス全体の学力向上にも役立ちます。双方向授業の大きな効用です。第1章の冒頭でも述べたことですが、先生が授業の終わりに、次の時間の授業内容を生徒に伝えて十分な予習を求めておけば、次の授業は、先生の短い導入部の後、いきなり生徒の質問から始めて、全員で意見交換をするというような徹底した双方向授業も可能です。高等学校の上級から大学などでは十分可能な方法だと思います。こういう授業が増えれば、日本の大学生は、外国からの留学生が驚くほど勉強しないという問題も解消すると思います。文部科学省も2012年ごろから、このような授業形態のことを「アクティブ・ラーニング」と呼び、教育の重要な柱と位置づけています。（参考文献1および第1章の序文参照）

授業を通して、自分の意見をきっちりと発信し、相手の意見もよく聞いて、お互いに討論し、物事の根本を良く考え、見究めて、できるだけ皆の満足度が高い形で結論を出すという国民の真のコミュニケーション能力を高めていくのが、双方向授業の最終目標なのです。この目標の達成は、日本と日本国民が世界の人々とともに生き、お互いに手を取り合って、世界の平和と人類の福祉に貢献するために、是非とも必要なことなのです。双方向授業を知識の修得もなしに、ただ討論中心に進行させることというような誤解はしないで下さい。双方向授業が成り立つためには、授業を受ける生徒はよく予習・復習をして十分に知識を修得して置く必要があるのです。ただ、知識の修得が不十分な生徒は双方向授業に出ても仕方がないかというと、そんなことはありません。適切に行われている双方向授業の場に身を置いて、他の生徒の学習の様子を見て、たまに質問をするだけでも、次第に意欲が高まり、知識の修得力やコミュニケーションの力もついてくるはずです。先生・友達と一緒になって学べること、これが、自学自習と学校教育の大きく違うところです。学校は生徒の学習意欲を高め、知識の修得力とコミュニケーションの力を強くする触媒なのです。

ここで、双方向授業で忘れてはならないことを一つ申し上げておきます。それは、教師は常に授業を上手にコントロールしていかなければならないということです。生徒の教師への質問や意見には適切に対応しなければなりませんし、生徒同士の議論が間違った方向に進みかけたような時にも、適切な対応が必要です。教師は用意してきた内容を話し、生徒はそれを椅子に座って聞いて終りという通常の授業に比べて、双方向授業では、十分な予習をしておかねばならないのは生徒だけではありません。教師には生徒以上に広く深い予習が求められるのです。この教師の努力なしには双方向授業は成り立ちません。

2　双方向授業実施の前提

双方向授業が成り立つための前提の第一は基礎的学力の積み重ねです。第二は、物事に興味・関心を持つ心です。まじめに真摯に前向きに生きていくという素直な心、探究心なしには授業は成り立ちません。今の社会には子どもたちの興味・関心をそそるような情報があまりにも多すぎて、子どもたちを混乱させてしまっています。子どもたちに、何を求め、何を大事にすべきかを判断する力を養わせる努力が必要です。この判断力は、ある意味で道徳的なもので、主として家庭や地域社会での対話で養われ、双方向授業の基礎的な力になるものですが、双方向授業によってさらに向上する能力でもあります。

道徳的能力の基本は、人間が他の人々や動植物を含む自然環境に対して、どのような態度を取るべきかを適切に判断する能力です。そのような判断を下すには、第1章1節でも述べたように人以外の動植物やものとのコミュニケーションができなければなりません。人以外の動植物やものは人間の言葉をしゃべらないので、それらとのコミュニケーションは想像力に頼るしかありません。それ故、道徳的な判断力は想像力に裏打ちされているものでなければなりません。そして、このような想像力に基づく判断力はあらゆる授業の基本的な力でもあるのです。「道徳を学ばせる中心の科目は道徳の授業であるが、道徳はあらゆる授業で学ばせることができる。そのつもりで生徒たちに道徳を学ばせて欲しい」という文部科学省の言は、何も難しいことを要求しているわけではありません。「どんな授業でも、その根本は何か、また今一番学ばなければならないことは何か、を判断する能力が必要だ。これは道徳的判断力と同じものだ。したがって、どのような分野の授業でも、それが正当・適切に運営・学習されている限り、その授業を通して、道徳的能力も育成されるはずだ」と言っているに過ぎないのです。「算数の授業で、どうやって道徳を教えるのだ」などと悩むことなど全く不要です。算数の授業を真面目にやればそれでよいのです。もっとも、理科の授業や社会の授業などでは「科学と公害」などというもう少し複雑な道徳の問題が出てくることがあります。これこそ、まさに、生徒と一緒になって双方向的に学習するべき興味深いテーマの一つだと思います。（第4章6節の⑵参照）

双方向授業は大人数のクラスでも成り立たないことはありませんが、少人数の方が行いやすいことは事実です。そのためには、学校のキャパシティーの向上、すなわち、教室の増築・整備と質の高い教員の増員が不可欠です。日本の将来を考えると、教育予算をもう少し増額することが必要です。国がそういう姿勢を明確に示すことが第一で、あとは教育現場で充分な議論をして最適の方法を考えるとともに、後述の3節および6節で述べるように、双方向授業の目標と方法を生徒に十分認識させることが一番大事です。

教育・文化予算の増額は、国民の合意を得て初めて実行されるものです。経済協力開発機構（OECD）の調査によると、日本の2012年における国内総生産（GDP）に占める教育への公的財政支出割合は、3・5％で、加盟国34カ国中スロバキアと並んで最下位です（加盟国平均4・7％）。また、小・中・高等学校教育にかかった費用のうちの公的支出の割合は、日本は92・9％でOECD平均90・6％を上回っているのですが、大学などの高等教育では34・3％でOECD平均69・7％を大きく下回り、加盟国で最低の韓国29・3％の次に低い値です。OECD教育・スキル局のアンドレアス・シュライヒャー局長は「日本では大学教育への家庭の負担が大きい。米、英などのように奨学金を活用するなど負担の軽減が課題だ」と述べたということです。（参考文献2）このデータを見て、国民がもう少し日本の将来を担う若者の教育に関心を持って欲しいと強く思います。これが、双方向授業だけではなく日本の学校教育の将来にとって非常に大事なことであるのは間違いありません。

行政が実施することは、何かをやったという証拠作り、白書作りをしているだけで、やらなければならないことの根本を真剣に考え、それに関わる他のいくつかのこととの関わり合いも考慮して実行し、その効果を確かめて、将来に繋ぐという姿勢に欠けるという意見があります。これは、ごく近い将来のことしか目に入らず、遠い将来を見通す力に欠ける傾向を持つ日本国民の陥りやすい状態についての指摘です。入試を突破するにはどうすればよいかは種々議論されても、入試問題にはどのようなものがよいか、それはなぜか、というような議論はあまりなされないというような、身近な問題から改めていくべきだろうと思います。このような努力の積み重ねが、教育行政、そして国の政治をも変えていくのです。

3　双方向授業をどのようにして学校教育に根づかせるか

日本の学校の授業は、長い間、教師から生徒への一方通行型で行われてきました。また、一般社会では、双方向授業は授業の一つの理想的な形であって、現実的なものではないと捉えられることが多いようです。このような状況の中で、理想的な双方向授業をいきなり行うのは、かなり困難なことは間違いありません。もともと双方向性の高い英語など特定の学科から始めるとか、授業のうちの五分の一だけ双方向性をもたせるなどの方法で、少しずつ理想に近づけていくのが良いと思われます。そういう試行がきっかけになって、生徒のたとえ5％でも双方向授業の必要性と面白さに気づいてくれれば、授業は活性化します。それは教師の問い方を少し変えるだけでも可能です。例えば、九九の勉強において、「2×6はいくらになりますか」という質問を、「答えが12になる掛け算にはどのようなものがありますか」というような問い方に変えるだけで、何通りかの九九が導きだせ、議論が深まります。2×6以外の九九へも考えが及ぶことで、九九の表全体の理解へと繋ぐことができます。習熟度によっては分数の計算や負の数を含む計算、あるいは$4\times\sqrt{3}\times\sqrt{3}$のような根号（$\sqrt{\ }$）を含む計算も考えられ、有理数と無理数の議論へと導くこともできるのです。これまでの授業で教師が行ってきた発問を少し工夫するだけで双方向的な授業を深めることができるのです。

本章の著者の一人である高校の化学の教師の岡本は、常に双方向性の高い授業を行うことに努力をしております。授業を大切にしよう、勉強は自分がするのだという気持ちの高い生徒が学期の初めに3、4人いて、その生徒たちが、そのクラスを引っ張ってくれて、学期の半ばには、通常の大きさのクラスのほぼ全員が授業中、真剣にいろいろ考えてくれるようになった経験があります。意欲の高い生徒が数人クラスにいるだけでも、意欲の低い生徒が高い方を見て育っていくので、授業の双方向性が次第に上がって行くのです。双方向授業は少人数クラスの方が行いやすく効果を上げやすいのは事実ですが、たとえ少人数でなくても教師の経験・努力と生徒の意欲さえあればかなりの効果を上げられることは確かです。岡本は、初回の授業で、「私は君たち生徒一人一人が主体性を持って学習活動をするような授業をしたいのだ。だから授業中、ただ聞いているだけではなくて、もし分からないことがあればすぐに質問をし、場合によっては、意見を述べるようなことを、できるだけして欲しい」といつも生徒に言うのです。何度も繰り返しますが双方向授業が成り立つためには、その意義と目標が生徒によく認識・理解されていることが重要なのです。

前にも述べた通り、英語の授業が昔から双方向型で行われながら、その効果があまり上がっていないのは、英語が日常生活に馴染んでいないからです。親・保護者あるいは地域の人たちが英語教育の必要性を認識し、家庭で子どもが学校で習ってきた英語を話題にする機会をたとえ週一回でも作るような教育支援環境が存在すれば、その教育効果は非常に大きくなるはずです。学校教育を支援するための日常生活の双方向授業化です。これは英語に限らず、国語も算数も理科も社会も同じです。そうすれば、子どもたちも、習ったことは教室を出た途端にほとんど忘れてしまうということもなくなり、先生方の苦労も報われると思うのです。ただ、そのためには、なぜその授業が必要なのかという、国語、英語、理科、算数、社会、家庭科などそれぞれの教科の根本理念、根本原理が生徒だけでなく、親・保護者、地域社会の人達にもよく伝わっていなければなりません。学校で習った細かいことは大半忘れてしまっていても、教科とその中で学ぶいろいろな項目の根本を生徒が良く理解していれば、社会に出た後の自己学習が容易になります。学校教育が円滑に進行するためには、教育の根本原理を良く理解した家庭と地域社会の人々の支援が不可欠なのです。例えば、家で、お父さん、お母さんと一緒に新しい料理を考え、そのレシピを作り、それを英語に直すというようなのはいかがでしょうか。インターネットの助けも借りることができれば比較的容易にできる家庭学習かも知れません。先生方のご努力ご支援をお願いしたいところです。

ところで、外国語の授業と国語の授業とではその根本はどこが違うのでしょうか。小・中・高等学校の学習指導要領の国語の授業の目標は全て同じで、「国語を適切に表現し的確に理解する能力を育成し、伝え合う力を高めるとともに、思考力や想像力を伸ばし、心情を豊かにし、言語感覚を磨き、言語文化に対する関心を深め、国語を尊重してその向上を図る態度を育てる」と書かれています。一方、外国語の授業の目標は、小・中・高等学校で少しずつ違うのですが、その高等学校の目標は「外国語を通じて、言語や文化に対する理解を深め、積極的にコミュニケーションを図ろうとする態度の育成を図り、情報や考えなどを的確に理解したり適切に伝えたりするコミュニケーション能力を養う」と書かれています。どちらも言葉の話し方、読み方、書き方の技術の習熟と言語文化の理解ならびにコミュニケーション能力の養成を目標にしている点は同じなのですが、国語の授業では「思考力や想像力を伸ばし、心情を豊かにし、言語感覚を磨くこと」が要請されているところが違います。これは、日本語は日本人の母国語だからです。日本人は日本語で考え、想像し、心を豊かにすることを求められているのです。これが国語の授業の大事な根本なのだと思います。そして、第1章の3節で述べた「完全に日本語の性格が消え去った日本人の自然科学には文化としての意味がない」ということと深く関わることなのです。日本人の自然科学者の大部分は日本に生まれ日本に育っています。気象や災害をはじめとしていろいろな意味で日本特有の環境で育ってきたわけです。日本人の科学研究の成果には、このことが反映していて当然です。たとえ、その成果は他の国の人のものと形式的には同じであっても、それにいたる過程には日本人特有の何かが関わっていて、それが研究の文化面に反映しているはずです。科学の分野でもグローバル化が急速に進行する中で、重要で興味深い問題の一つだと思っています。

4　少人数クラスと習熟度別クラスを考える

前節で、双方向授業は少人数クラスでなくても実施できることを述べましたが、多様性が失われるほど極端な少人数を除いて、少人数クラスの方が授業を行いやすく、教育効果を上げやすいのは事実です。

初等教育での、公立学校1学級当たりの平均の生徒数は年々減少し、平成21年度では、小学校25・4人、中学校29・7人、平成26年度では、小学校24・5人、中学校28・8人まで減少しています。私立の学校では、この値より5人程度多くなっているようです。平成26年度、公立学校では、35人以下のクラスは小学校では約9割、中学校でも約7割あり、人口密度の高い大都市を除けば、40人を超えるような多人数のクラスがそんなに多いとは思えません。したがって、クラスの人数が双方向授業実施の妨げになっているようなことはあまりないと考えられます（表1参照、参考文献3および4）。また、英語の教科では、少人数で指導ができるように、教員の加配が行われる場合もあるようです。

一方、習熟度や興味の対象の異なる生徒に対して全く同じ授業をするのは、教員の精神的・肉体的負担が大きくなるだけでなく、教育効果も上がりにく

表1　平成26年度のクラスの人数（括弧内は平成21年度の値）

クラスの人数	30人以下	31～35人	36人以上
小学校	66.8(45.8)％	24.9(35.7)％	8.2(18.6)％
中学校	37.4(18.2)％	35.2(42.1)％	27.4(39.8)％

いのは間違いありません。双方向授業の効果を上げるためには、少人数クラスだけでなく、生徒の習熟度があまり違わないクラス編成になっている方が好都合なことが多いと思われます。ここで一つ問題になるのは、習熟度の違いが、教員にも子ども自身にも認識できるのはいつ頃で、いわゆる習熟度別クラスによる授業はどれくらいの学齢から始めるのがよいかということです。この点については慎重な見極めが必要です。また、教員と生徒あるいはその保護者が十分に話し合ったうえで、年度の途中でもクラスを変わることができるような柔軟なシステムにしておくことも大事です。一番根本的なことは、このような制度の目的と内容ならびに必要性を親・保護者を含めて国民全員がよく理解していることだと思います。

習熟度を考慮に入れた20人程度のクラス編成が実現できれば、理想的な双方向授業が行えるのは間違いありませんが、予算の関係で30人程度のクラスになって、生徒の誰かは聞き役に回らなければならない状況になったとしても、双方向授業の効果はそんなに下がるものではないと思います。聞き役も授業の立派な参加者なのです。

経済協力開発機構（ＯＥＣＤ）の国際的な学習到達度調査（ＰＩＳＡ）で優秀な成績をあげているフィンランドでは、習熟状況が芳しくない生徒に対しては、補習等が行われます。習熟状況が不十分な領域が一つの場合は、担任の教員による補習授業が行われます。複数の領域で習熟状況が不十分な児童生徒がいる場合には、特別支援のための教員が配置され、その教員を通常学級に付加する形で集中的な支援が実施されます。さらに、通常学級で学習するだけの学力を十分に身につけることができないと判断された生徒の場合には、保護者とも相談しながら個別の学習計画書を学校が策定し、他の児童生徒とは異なる環境下で指導が行われます。学校所在地域の諸環境が教育的に不利な場合には、当該地域・学校に対して教育環境の向上を目的とした追加的な財政支援が実施されています。また、子ども自身あるいは保護者が移民で、フィンランド語の能力が不十分な児童生徒に対しては、通常の学校教育とは別に準備教育として、語学やフィンランド文化を学ぶための機会が提供され、その際、基礎的な学力が不十分なことが分かれば、その訓練も同時に行われます（参考文献5）。これによって、学力の低い生徒の学力を上げるだけでなく、優秀な生徒にはそれ相応の特別な教育を行うことができて、全体の学力を上げることができているのです。能力の低い生徒にレベルの高い授業を押しつけるようなことをしないので、先生にも生徒にもゆとりができて、教育効果が上がるというわけです。授業を双方向的に行う条件も整うと思われます。

双方向授業は、「生徒の指導とその成果の評価を一体化した授業」としても活用することができます。教育では指導の方法はもちろん大事ですが、その指導方法の目標がどれだけ達成されたかという評価が明確に行われていることが重要です。この評価の基礎となるのは生徒の成績評価です。これを生徒の側から見たのが習熟度、教える側から見たのが目標達成度です。双方向授業では、教師と生徒が一緒になって授業の成果すなわち目標達成度と習熟度の評価ができるだけではなく、生徒個人の成績評価も生徒自身が完全に納得した形で受け入れることができるのです。また、習熟度の分布が広くてクラス全員での指導が難しいクラスでは、生徒を少人数のグループに分け、教師の支援・指導のもとに、それぞれのグループに適した特定の課題を選んでそれについて話し合い、その解決を図るというような授業を行い、個々の生徒の問題の解き方や物事の理解の仕方を直に見て指導と評価を行うことも可能です。このような場合にはＴＡ（ティーチング・アシスタント）を大いに活用するべきです。世の中の人の能力にはいろいろな観点から見てかなりの違いがあります。そのような社会で人はどのように生きていくのがよいのかを考えさせるという点でも、このような授業のやり方は大いに意味があると思っています。生徒自身が自己の能力・適性・社会との親和性などをかなりの程度で公正に自己評価して卒業していけるのです。

5　双方向授業は何歳ぐらいから始めるのがよいか

双方向授業では、生徒が小さい頃からどういうふうに育ってきたか、授業をどう捉え、どういう姿勢で臨んでいるかが大事です。授業の外にも、双方向授業に参加する能力の下地を作るような機会はいっぱいあるし、また作ることもできます。３節でも述べたように、そういう環境作りには、先生たちの努力だけではなく、生徒とその親・保護者たちの支援も必要です。子どもたちは、そんな機会を上手に活用して、少しずつ双方向授業で学習する能力をつけていけばいいのです。幼稚園から双方向の機会をつくり、そういうやり方を小さいころから体に染み込ませるのがよいと思います。

実際に、アメリカでは幼稚園の頃から、自分の意見を発表する場があって、自分の将来などを語る機会があると聞きます。小さいときからそういう習慣がついているので、双方向性の高い授業が円滑に進行し、コミュニケーション能力の高い市民が育つのです。また、前節で述べたフィンランドでは、子どもの学力や学習習慣等を形成する上で就学前教育が重要な役割を果たすことを念頭に、就学前教育に力を入れており、初等教育が始まる前の一年間、希望すれば誰でも無償で就学前教育を受けることができます（参考文献5）。

この第2章の冒頭でも述べたように、日本でも、小学校では、これが真の双方向授業かどうかは別として、先生の投げかけに対して、子どもたちは、やいのやいのと手を挙げて、「ああだ、こうだ」と言いまくりますし、グループ同士で話し合いをしなさいと言うと、「わあわあ、わあわあ」と意見を言い合います。ところが、中学校では、生徒が授業中にあまり発言しなくなり、授業の双方向性を保つのが困難になることがあります。クラスが二極分化していて、一方は一生懸命聞いていて、他方は黙って心のなかで先生の話とは別のことを考えているという場合もあるし、習熟度の高い方の生徒は、この授業なら、もう全部分かっているから聞く必要が無い、習熟度の低い方の生徒は聞こうと思っても全く分からないのであきらめているという二極分化の場合もあるようです。小学校での双方向性の高い授業を中学校で中断せずに高等学校に繋ぐためにも、中学生の精神的発達状況などをよく勘案しつつ、習熟度別クラスの編成、生徒に双方向授業の必要性を理解させる努力を含めて、いろいろな方策を真剣に考えるべき時です。

6　双方向授業の目標と必要性を生徒によく理解させることが大切

1節でも述べたように、自分の考えをしっかりと持ち、それを社会に向けて発信し、相手の発信もきっちりと受け止めて、お互いに問題についてしっかりと考えるという本当のコミュニケーションの能力を持つ人材の養成は、これからの日本が世界の平和と人類の福祉に貢献するために必要不可欠なことです。そのためには、先生から生徒への一方通行でなくて、先生と生徒が一緒になって、意見を言い合い、質問もできる双方向授業が必要なのです。このことを、授業を受ける子どもたちにしっかりと分からせておくことが極めて重要です。学ぶ側の生徒が、自分はなぜこの授業に参加しているのかということをはっきりと自覚していれば、学習が意欲的になり授業の効果も上がります。双方向授業が成功すれば、学力は上がりますが、その最終目標は知識の修得ではなく、知識習得の必要性を自己認識したうえでそれを実行し、修得した知識を活用して、世界の人々と共に生き、お互いに手を取り合って、平和な社会を築き上げ、これを維持していく力を養うことです。日本の質の高い教育に双方向授業を重ねることにより、これからの世界を背負う多くの優れた人材を輩出できるのです。今、日本の学校教育のなかで、どれくらいの生徒がこのようなことを良く認識して授業に臨んでいるのか、自分たちで授業を作ろうと考えているのか、これが、授業の双方向性を決める大事なポイントになります。

この第2章執筆のきっかけとなった教育フォーラム「学校教育における双方向授業を考える」（参考文献6）に出席した高校生たちが、「生徒が家で予習・復習をするというのは、双方向授業というよりは、学校の授業が成り立つための必要条件だと私は思います」、「生徒はその日に勉強する内容をきっちりと家で予習してくる必要がある」、「学校の授業時間をもう少し長くして、双方向授業をする方法もあるのかなと、思っています」と述べているのは、少なくともこれらの生徒には双方向授業の目的と期待される効果がよく認識されていることを示すもので、心強い限りです。10節に述べた、高校1年生に対する1学期の初めの高分子化学についての出前授業（120分）の話とともに、今の中学生、高校生は双方向授業を通して真の学力を高めていく能力を充分に備えていることを物語っています。このような生徒を増やしていく努力を続けていくことが大事だと思っています。具体的には次の7節を参考にして下さい。

7　双方向授業の確立に向けた教師の心構えと努力

今の日本の子どもたちにどの様にして真のコミュニケーション能力を養わせるかは、多くの学校で、重要テーマとして日々研究されているところです。そして、その解決に双方向授業が非常に有用であることは間違いありません。日本の生徒相手では、双方向授業など成り立たないのではないかという懸念が日本の社会に存在するのは事実ですが、学校の先生でこれに同調される方は少なく、「できれば、小学生のころから、双方向授業が、たとえ、少しずつでも進んでいけばいいなと思っております」や「双方向授業は、まさに、私が中学校の教員になったときから、やらなければならないことの一つとして考えてきたことです」というような考えが優先しています。質問を誘発するような授業をすること、あるいは、先生の方から生徒に問いかけて、応えさせるという方法で授業の双方向性を上げる努力をしておられる先生が多いのが、このことを物語っております。国語や英語の授業に限らず、全ての授業で、先生方はどのようにすれば双方向型の授業ができるかを見出すべく努力を続けていただきたいと思います。

高等学校の場合は、1時間で行なわなければならない学習活動、学習させなければならない知識量が多くて、その面からの制約と大学入試などの目標があるので、双方向的な授業を行う時間のゆとりが少ないというのは、よく聞く意見です。それでも、3節で述べたように、理科の授業で双方向性の高い授業を行い、成果を上げておられる高校もあります。この学校は決して受験と無縁な学校ではありません。

「今の学校に必要なことは、子どもたちに目的意識をしっかり身につけさせるような、1時間、1時間が勝負であるという双方向的な授業を目指す教育を行うことに尽きると私は思っております。今日、皆さんのご意見を伺って、さらに強くそう思いました」という教育フォーラム（参考文献6）参加者の発言からは、今の学校教育が多くの問題点をはらみつつも、確実に然るべき方向に進んでいることが分かります。

教育委員会でも、少人数学級を増やしていこうという状況の中で、双方向授業に対するシステムを上手に作って子どもたちの意見を吸い上げ、きめ細かな指導ができるというような方向で取り組みがなされているようです。教育現場でも行政でも先生方がいろいろなことを慎重に考え、問題を克服しつつ双方向授業の実施に積極的に取り組んでおられる様子がうかがえて心強い限りです。

真のコミュニケーション能力は世界に生きる力であるとも言えます。生きる力を支えているのは道徳的能力です。「本当のコミュニケーションをするためには、相手を敬い、自然に感謝し、素直な心で臨まないと駄目だ」という教育フォーラム（参考文献6）での一人のロータリアンの指摘は教員も生徒も心に留めておいて欲しいと思います。第4章の1節に述べた「7つの習慣」の中の第五の習慣「理解してから理解される（Seek First to Understand, Then to Be Understood)」もよく似たことを述べているのです。

8　双方向授業は生きる力を高める

1節の終わりに述べた、学校は生徒の学習意欲を高め、知識の修得力とコミュニケーションの力を強くする触媒であるという言葉は、教育の場では、学ぶ主役は生徒であるが、彼らに学ぶ意欲を出すきっかけを与えるのは学校であるという意味です。「生徒は、学校という場を、先生に教えを請うだけではなく、先生や友達から刺激を受け、何かのきっかけを得て、学ぶ意欲を高め、先生・友達とともに学習する場として活用して欲しい」と思うのはすべての教師の願いです。

学ぶための触媒としての学校で先生の適切な工夫がつけ加えられれば、子どもたちのコミュニケーション能力は自然に上がってくると思うのです。学校を出ても失われないコミュニケーション能力をできるだけ多くの子どもたちに養わせるには、双方向性をもつ授業が一番適切です。双方向授業は、もちろん、学校の状況や年齢・学年、習熟度などを十分考慮して、実施方法を決められるべきですし、基礎的な学力を修得させることを怠っては、双方向授業は成り立たないのも間違いありません。授業が双方向的に進んでおれば、教科書に載っていない話や今問題にしていることが別の分野とどう繋がっているかという様な話もできて、教科書を超えて、教師の持っている知識や考えを生徒に伝えられるし、生徒の意見も聞けて、授業の双方向性が高まり、学力も上がります。そういう双方向性の高い授業が、今、日本のあちこちで実際に行われているのです。その学年で一番成績の低かったクラスで双方向授業を実施したところ、学期の終わりには、学年で二番目となり、トップのクラスに近づく勢いになったという話を聞きました。双方向授業は知識レベルの高い生徒を相手にしないと成り立たないということはないし、それによってクラス全体の学力を上げることもできるのです。同じ授業を双方向と従来型でやると双方向の方が通常の授業より成績も上がるというのは注目すべきことです。

著者の一人畑田が大学で授業を始めたのは、もう40年以上前のことですが、その頃から学生に随分質問をしました。学生には大変しんどい授業という評判だったようですが、最近になって、「先生の授業を受けたおかげで、物事の根本を徹底的に考えて仕事をするという習慣がついていて、大いに助かっています」と言ってくれる卒業生がかなりいます。また、高校の先生の「卒業生の様子を見ておりますと、質問する、あるいは、自分の意見を発表する、という習慣を高校時代に身につけた生徒は、大学に入ったあと、急速に前向きに進んでいるようです」という発言も双方向授業への期待を膨らませてくれます。

「双方向授業はコミュニケーション能力を養い生きる力を高める」と言っても過言ではありません。

中学や高校で受験のための勉強はせざるを得ませんが、それが受け身一方の受験勉強に陥らないための指導を先生方は忘れないで欲しいと思います。

9　双方向授業を日本人の教養レベルと世界に生きる力の向上に繋げよう

学校での双方向授業がごく自然に成り立ち、子どもの勉学意欲が高まって学校教育の効果が上がるためには、先生方のご努力もさることながら、幼児期からの母と子の語らいが非常に大事です。胎児の時からオルゴールを聞かせて音感教育をしようという話もあります。そして大きくなれば、夕食の時に家族みんなが集まって、学校の授業のことも含めて、社会のいろいろな話題について話し合う習慣ができれば、日本の学校教育も、これからの時代に即した好ましい方向に変わっていくと思います。一家団欒の中で、その日の子どもたちの学校の授業を種にしたいろいろな話題が楽しめるようになれば、学校の教育力が家庭にも及ぶことになり、使えない英語、日常生活の役に立たない理科というような、教師に無力感を味わわせるだけの言葉も消えて、教養ある国民で満ちた日本ができあがると思うのです。家庭も立派なコミュニケーション能力養成の場であるはずです。

ところで、これまでの日本では、家で政治、経済、文化、科学、技術などの話しをする習慣があまりなかったということを考慮に入れても、日本の家庭での家族間の話題は、少し日常生活的なことに偏り過ぎていると思います。日本人は重厚な問題は苦手であるというか、話ができないという印象を持つ外国人がかなり多いことが、今度の豊中ロータリークラブの教育フォーラム（参考文献6）での外国人留学生の参加者の意見により浮き彫りになりました。でも、それができるようにしておかないと、外国といろいろな面で太刀打ちできなくなる恐れがあります。心すべきことだと思います。

日本の大学生はもっと意欲を高めて勉学にいそしんで欲しい、その上で国際共通語として使われるようになった英語の力を身につけて、世界中の人達と意見交換、情報交換をして、世界の平和に貢献できる人間に育って欲しい、あるいは、そうするべきだという意見を外国の留学生からよく聞きます。大学生の大部分は高い能力の持ち主のはずですから授業の双方向性を高めるだけで、事態はかなり改善されるのではないかと思います。

日本が、率先して世界の平和に貢献しようとするのであれば、それに関わる人たちは、国際共通語の英語に堪能であることが不可欠です。学校教育で長い間英語を習いながら、英語を自由自在に使える国民がこんなに少ない国は、日本以外には、そんなにないような気がします。この問題の解決法は、中学校や高校の英語の授業を、大学受験のための英語ではなく、本当に使える英語を学習させる授業に変えること、すなわち、本当の双方向授業にすることだと思います。そのうえで、日本を、留学生を含めて世界各国から優秀な人たちが集まって、盛んにコミュニケーションしている国にしたいと願っています。もう一言余計なことを言えば、本当に使える歴史や理科を身につけた生徒・学生を育てることも大事なことです。双方向授業はそのための土壌作りの一つでもあるのです。

10　双方向授業のこれまでとこれから

編者の畑田は、大学で授業を始めた40年以上も前からかなり熱心に双方向授業を実施してきたことは、前述の8節に述べた通りです。そして、よく考えてみると、自身も小学校高学年から、特に理数系科目については、ずっと双方向的な授業を受けてきて大学の教師となり、自分でも、大学生相手の授業だけでなく、小・中・高等学校への出前授業や生涯教育の場で双方向性の高い授業を実践してきて、現在82歳になります。最近、高校1年生の1学期の初めに、高分子科学に関する出前授業（120分）を、実験や高分子製品の実物表示もまじえた双方向型で行ったところ、授業の半ばから生徒の反応が非常に良くなってくるのを実感しました。高校1年生の1学期の初めの生徒は中学校の3年生とあまり変わらないはずです。高校生になったという自覚と、授業の内容である高分子科学の根本原理と実生活との関わりを実験や高分子でできている生活用品を見て実体験したことで、学習意欲が高まり、授業の双方向性も向上したことは間違いありません。どれだけ双方向性の高い授業が成り立つかどうかは、生徒の年齢よりも、生徒と教員の意欲と授業のやり方に、より依存するのは間違いありません。

このように、双方向授業は随分以前から、少なくとも双方向型の授業として一部の教師により行われてきました。編者畑田は自分が双方向授業を行っただけではなく、それを受けることにより育てられもしたのです。平成9年12月18日の大学審議会の答申「高等教育の一層の改善について」http://www.mext.go.jp/b_menu/shingi/old_chukyo/old_daigaku_index/toushin/1315873.htmには「双方向」という語が2回使われています。この答申が出たのは、畑田が満63歳になって、大阪大学を定年退官した年度です。「学生の教育を充実する上で、シラバスの作成とその内容の充実が有効である。特に教員・学生間での双方向の授業が成り立つためには、事前に学生が授業についての学習上の情報を得、その趣旨を十分理解した上で十分な準備学習や復習等ができるようにすることが必要であり、この意味でもシラバスの充実が求められている」という文章で、双方向の授業の重要性が述べられているのです。

そして、平成20年12月24日の中央教育審議会の答申「学士課程教育の構築に向けて」http://www.mext.go.jp/component/b_menu/shingi/toushin/__icsFiles/afieldfile/2013/05/13/1212958_001.pdfには、大学教育では、「何を教えるか」よりも「何ができるようになるか」に力点を置いて教育内容以上に教育方法を改善することが重要であり、既存の知識の学生への一方向的な伝達だけでなく、討論を含む双方向型の授業を行うことや学部学生に対しても自身の研究に準ずる能動的な活動に参加できる機会を設けるのが不可欠であると述べられています。学生が課題探求や問題解決等の諸能力を獲得して卒業することを求めているのです。そして、少人数指導の推進、博士研究員、大学院学生、優秀な学部学生のTA（ティーチング・アシスタント）、SA（スチューデント・アシスタント）などの支援スタッフや情報通信技術等の活用、豊かな課外活動や自習を可能とする施設・設備の整備など双方向性を確保した教育システム構築の必要性が強調されています。

本書の冒頭でも述べた電子掲示板（BBS）を利用した学生応答・理解度把握システムによる双方向型授業の新しい展開は教育の双方向化・システム化を飛躍的に推進する可能性を秘めるもので、その普及が求められています。ただ、これはあくまで教育の手段であって、目的ではないことが答申にも明記されていることは注目しておかねばなりません。TAやSAは授業の指導補助・支援だけではなく、授業の少人数化の効果も受け持ち得ることを忘れないで欲しいと思います。もう40年以上も前の話になりますが、編者畑田の子どもたちはアメリカ州立マサチューセッツ大学の付属小学校で大学生のTA・SAに随分お世話になったことを今懐かしく思い出しています。

いずれにしても、この答申により双方向授業は、大学教育だけではなく中等・初等教育においても確固たる市民権を得たと言えます。これに力を得て、これまで以上に授業の双方向性を上げようと努力しておられる先生や双方向授業を新たに始められた先生の数が、たとえ少しずつではあっても確実に増えていることは前述の7節および8節をお読みになればお分かりいただけると思います。先に述べた文部科学省のアクティブ・ラーニングという強力な支援もあることです。双方向授業の重要性を述べた中央教育審議会の答申から8年以上も経っていることを考えると、歩みの遅いのは確かですが、教育現場でも行政でも先生方がいろいろなことを慎重に考え、問題を克服しつつ双方向授業の実施に積極的に取り組んでおられることは間違いありません。私自身も含めて教育関係者一人一人がより明るい未来に向かって努力を重ねることを強く期待して筆を擱（お）きます。

※本稿は、2011年1月22日、大阪府豊中市のホテルアイボリーで開催された豊中ロータリークラブ主催の教育フォーラム「学校教育における双方向授業を考える」の録音記録を編集し作成した報告書（参考文献6）の内容を基にして、フォーラム参加者のうち文頭に名前を記した5名が作成した論文「双方向授業は日本の未来を築く」http://culture-h.jp/hatadake-katsuyo/Education-forum-sohhokoh-jyugyou2011RCsummary.pdfに畑田耕一が許可を得て、さらに加筆・改訂を加えたものです。

なお、前述のフォーラム出席者全員の氏名は次のとおりです（敬称略、順不同）。

山元行博、関口　煜、佐伯吉捷、船曳裕幸、池田雅文、岡本　博、遠山裕子、矢野富美子、田坂惠美子、大西麻容、周家洲、王量亮、神宮司武史、ベゼラ　グスタボ、MORALES GUIO CARLOS GILBERTO、HAGHPARAST. SEYED MOHAMMAD ALI、堀瀬友貴、FRANCISCO CORPUZ

FRANCO Jr.、笠井一希、畑中　岳、嶋本　純、若林明香、渡辺　浩、中山彰平、木村正治、北村公一、米田　真、黒河　洋、松山辰男、村司辰朗、奈須正典、大塚顕三、澤木政光、山西洋一、畑田耕一（司会）

※フォーラム開催当時、[1]畑田耕一は豊中ロータリークラブ教育問題検討委員会委員長・大阪大学名誉教授、[2]岡本　博は西宮市立西宮高等学校教諭、[3]関口　煜はフランス国立科学研究センター名誉教授、元・パリ第6大学勤務、[4]山元行博は豊中市教育長、[5]船曳裕幸は豊中市立第五中学校校長

第3章
教育の素晴らしい未来を拓くために

[1]畑田耕一、[2]関口　煜、[3]池田光穂、[4]栗山和之、
[5]大友庸好、[6]山本　清、[7]疋田和男、[8]久堀雅清、
[9]安部孝人、[10]戸川好延、[11]吉澤則男、[12]渋谷　亘

現在の日本の教育については、いろいろな問題提起がなされています。上級校への入学結果による学校のランク付けや、OECDの国際学習到達度調査の国別順位と教育方法を関連付けようとする議論も盛んです。議論が、社会教育、生涯教育よりも、学校教育に少し偏っていることや、試験の点数で表示されるような教育の効果だけが議論されることが多い点も気になります。日本、そして、世界の将来に自分の勉強・学習の成果を活かすという社会人の役割を果たせる人材を育てるには、どのような教育が良いのかという観点からの考察が、もう少し必要ではないかと思います。以下の文章では、この様な視点から、双方向授業について述べた第1章、第2章よりはさらに広い立場に立って、今の日本の教育システムの中で、特に速やかに変える努力をしなければならないところについて考察いたしました。著者は、小学校から大学に至る教育機関で、いろいろな形で教育に関係してきた者たちです。

1　今の子どもたちの長所を伸ばして素晴らしい子どもに育てよう

第2章でも述べたことですが、今の子どもは、昔と違って、人前でも物怖じしないで堂々とものを言います。この高い自己表現力を、教師と生徒の双方向授業によって、人と人とが相互に繋がるようなコミュニケーションすなわち対話能力の向上に繋ぎ、情報技術を最大限に活用して真の読み書きそろばんの能力を養う努力を子どもたちにさせれば、多くの素晴らしい人材が生まれるはずです。これについては、前の二つの章で述べた双方向授業のまとめの形で次の2節に記しました。

現在の初等・中等教育における大きな問題の一つは、勉強に集中し質問もするし意見も言える生徒と勉強に集中できない生徒への2極分化です。すなわち、たとえ授業の内容が難しくても、全員が一生懸命理解しようと努力しているのではなくて、一生懸命努力している子どもはどんどん勉強するけれども、しない子どもは徹底的にしないという2極分化が進んでいることなのです。この問題をどのように解決するのかは日本の教育の大きな課題の一つです。総合的な学習は、生徒が提起した課題について生徒自身が数人のグループで、教員の支援のもとに、解を見出す学習法ですが、これを活用して、生徒が見つけた課題について、教員と生徒が一緒になって学ぶ、ある意味での対話形式の授業に展開させれば、生徒の意欲を高め、習熟度や学習意欲の2極分化の解消に繋ぐことができると思われます。これについては双方向授業と総合的な学習との融合という形で、3節で詳しく述べたいと思います。

あと一つは、習熟度別クラスの編成です。これが2極分化の解決に最適の方法であることは第2章の4節に述べた通りです。習熟度別クラスを編成する際の問題点は、クラス間の生徒の交流による教育効果をどのようにして保持するかという点です。通常のクラスでは、同じグループの中で素晴らしく成長した仲間をロールモデルとして他の子どもたちも意欲的になり、成長するというような教育的効果が期待できます（6節参照）。このような問題も含めて、能力の高い人たちが社会でその能力を十分に発揮することができるためには、どのような環境整備・配慮が必要か、については第4章、特に第4章2節で詳しく述べることにします。

2　子どもたちの自己表現力を双方向授業で真のコミュニケーション能力の開発に繋ぐには

今の子どもたちは、前節でも述べたように、自己表現の力は持っているが、それは質問や意見を一方的に言えるだけであって、自分の意見を言い、それに対する人の意見をよく聞いて、さらに、それに対して自分はこう思うというように意見を述べることはできない場合が多いのです。国際社会で地球規模の観点から物事を考えなければならない時代になってきた今、先生と子どもが一緒になって意見の交換ができるような、いわゆる双方向の授業を成り立たせることが必要になっていることは第1章および第2章で述べた通りです。

他人との意見交換を通してお互いの考えを深め、多様な意見の存在する集団の中から一つの方向性を見出していけるような能力、すなわち、真のコミュニケーション能力を備えた人間を育て上げるのが双方向授業の目標です。このような教育は、これまでの日本ではほとんど行われてきませんでした。だからといって、このような授業が日本では成り立たないという訳ではありません。第1章および第2章でも述べたように、その必要性は多くの学校・大学の教員に認識され、実施も試み始められています。従来の学習指導要領にも音声言語の指導を重視し、言語表現能力を育成することが、また、２０１１年から小・中学校で実施されている学習指導要領にも「伝え合う力」を育成することが挙げられていて、ディベートやプレゼンテーションなどが学習活動に取り入れられていますが、根本的な言語表現能力を養うまでには至っていないのが現状です。中学や高校では、きっかけを与えて、適切な指導をすれば、双方向授業は結構成り立つことが多いのです。教員がその気になれば、最初の数回の授業の後で、多くの学生が、人の話を聞いて適切にコメントができるようになり、遠慮せず、物怖じせず、率直に対話できるようになってきます。日本の生徒・学生の対話能力はそんなに低いわけではありません。ただ機会がなくて、開発されなかっただけではないでしょうか。それと、双方向授業を実際に行ってみると、生徒が教育の世界で大事なことの一つである学ぶことの楽しさや知識を身につけることの喜びを味わっていることがよく分かります。

双方向授業に限りませんが、クラスの生徒数があまり多いと授業は行いにくいです。10～20人クラスが適当と思われます。余り少ないとクラスの多様性が失われるし、生徒にとっては、先生に当てられる回数が多くてかなわないという面も出てきます。現在多くの高校で、実験的に少人数授業をやっています。もともと双方向型である英語の授業でも1クラス20人で授業をすると、生徒の質問も増えて、双方向性が高まるといいます。数学や国語の授業も同じです。中学でも事情は変わりません。いずれにしても、生徒数が減りつつある現在ですら、教員の数が少なすぎるというのが日本の教育の大きな問題点です。

教員の増員の問題は、民主主義の社会では、当然のことながら、問題の本質を国民が十分に理解しないと実現しません。そのためには、教師や保護者の社会への働きかけが必要です。教育基本法第三条には「国民一人一人が、自己の人格を磨き、豊かな人生を送ることができるよう、その生涯にわたって、あらゆる機会に、あらゆる場所において学習することができ、その成果を適切に生かすことのできる社会の実現が図られなければならない」と明記されています。国民皆学の精神を日本中に浸透させることが必要なのです。教育の問題を気軽に語り合い、その結果を発信できるような地域の集いを社会のあちこちで開く努力を、行政、教師、教育関係者がしなければなりません。豊中ロータリークラブのクラブの会員、高校生、外国からの留学生を含む大学生、地域の教育関係者を招いての教育フォーラムは、まさにこの典型的な例の一つです。

3　双方向授業と総合的な学習の融合と習熟度別クラスの編成

ゆとりの教育は、もちろん、子どもを遊ばせるために文科省が始めたのではありません。総合的な学習と組み合わせることで、教員が生徒に一方的に教える時間を多少減らしてでも、子どもに自由に考え議論する能力をつけさせよう、というのが目標であり基本理念でありました。したがって、双方向授業と総合的な学習は、まさに、表裏一体をなすものですが、敢えて違いを言えば、双方向授業は特定の科目、分野の学習を通してコミュニケーション能力を養うのが狙いであり、総合的な学習は自分たちが選んだいろいろなテーマについて学習・討論しながら総合的な立場でコミュニケーション能力を養っていくことを目標にしている点なのです。

総合的な学習の時間は、前述の1節で述べたように、皆で課題を見つけて、それを皆で勉強し討論しながら解決していく過程で、一人一人の子どもの持つ能力、特質を向上させていこうという学習方法です。小学校では割合うまく機能しているように思います。それは教員が、常に子どもたちの中に課題を見つけながら授業を進めてきたからでしょう。中学校ではあまりうまく機能せず、細々と続いているという感を否めません。その理由は、各教員が、理科は理科、数学は数学というように、自分の専門に特化した科目を教えていて、まさに教える一方の授業形態をとっているためだと思います。そのために、皆でテーマを選び、教員と生徒が一緒になって考えるという授業形態に馴染めず、教員が若干混乱しているのではないでしょうか。グループ学習は、現在の教員が想定する以上に潜在的教育力を持っていることを教員はもっと認識して欲しいと思います。

筆者の一人が、習熟度が同程度の2つのクラスの授業において、一方では教師による説明中心の従来型の授業を行い、他方では説明の時間を大幅に減らして生徒同士が教えあうグループ活動を取り入れた授業を行ったところ、短期間の学習範囲の定着をはかる定期考査では前者のクラスの方が好成績であったが、長期間にわたる定着をはかる実力テストでは後者のクラスの方が良いという結果が出ました。グループ活動を重視し、教師が説明する時間を減らす授業を行うに当たって注意すべき点も見えてきました。平均点が同じでも、成績分布の広いクラスと、大半の生徒が同じような点数に集まっている成績分布の狭いクラスとでは様子が異なります。成績分布のかなり狭い高校では教師が示すべき教示内容をかなり絞り込めるため、生徒同士のグループ活動による学習への動機づけや、学びあい・教えあいによる効果はかなり高くなります。一方、田舎の高校などで面積当たりの学校数が少ない場合には、一クラスの中での成績分布がかなり広くなる傾向があります。このような場合には上記のような効果が若干低くなるのはやむを得ません。それでも、グループ活動によって学習効果を上げることはできますが、その代わりより高度な内容を学びたい生徒に必要な知識を伝達する時間が取れなくなったり、達成度の低い生徒にやさしい基礎的な事柄を理解させるのに十分な時間がかけられなかったりするようなことも起こります。

どんな教科でも、「知識・理解」があって初めて「自由に考え議論する能力」をつける段階へと進めます。知識・理解の程度は、発達段階や習熟度によって異なるため、当然そのあとに続く議論や考えるための出発点も、習熟度によって大きく異なります。少人数、習熟度別のクラス編成がこのような場合にも生きてくるわけです。教育内容の変化に対応した制度設計を忘れてはなりません。

これらの授業・学習が成り立つためには知識の蓄積は不可欠であり、これを忘れた総合的な学習や双方向授業はたわごとに過ぎません。どのように話すかの問題とともに、何を話すかという中味の問題は重要です。話すべき事を持っていなければ対話も意見交換も成り立ちません。双方向授業は蓄積した知識の活用練習であるともいえます。対話中に自分が特定の分野の知識に欠けていることに気づくことがよくあります。教師と生徒の対話型授業や生徒が一緒になってワイワイと話し合っている時に、生徒が勉強の必要性に気づくこともあるのです。そんなときの教師の一言は生徒の自己学習にとって大きな支援になります。中学校の総合的な学習も各先生方がほんの少しの工夫をしていただくだけで、大きな成果を挙げることができると思います。「社会の価値観が著しく多様化しているなかで、教育はそれに対応しきれていない」などと言われる前に、先生方のご努力をお願いしたいところです。

高校生や大学生など一定の発達段階に至れば、自分の中に確固とした考えがなくても、他人の主張を聞いて自己啓発的に自分の意見を持つこともできます。双方向授業や総合的な学習の効用の一つはここにあるのです。ただ、どのような知識をどのような順番でいつ教えるかは、教える側だけでなく、学ぶ側にとっても大変重要なことです。例えば、文字を教える順番は、「ひらがな」、「カタカナ」、「漢字」と決まっています。現在の文字の使い方から考えれば、「ひらがな」、「漢字」、「カタカナ」かもしれませんが、教える側にとっても、学ぶ側にとっても、「ひらがな」、「カタカナ」、「漢字」の方が実行しやすいのです。化学で物質、分子、原子を教えるのは「物質」、「分子」、「原子」の順が適切です。生徒が感覚的にその存在を認識できるのは物質だけです。授業では物質がそれに固有な性質を持つ極小さな粒子すなわち分子が集まってできていることを生徒は仮想的に認識します。この仮想的認識はアルコールと水の混合による体積減少（第4章の1節参照）のような現象の観察によって現実的な認識となります。次いで、生徒は、分子は原子や電子などの分子よりさらに小さい粒子からできていることを知識として修得することにより、化学反応などの化学的現象をより詳細に深く理解できるようになるのです。次の4節で述べる根本原理の教育に関しても、この、何をどの順番で教えるかは大変大事なことなのです。

平成21年度から学習指導要領に基づいて、高等学校の理科に「理科課題研究」という科目が設置されています。（必履修科目ではありません）。これは、例えばクラスを少人数の班に分け、自分たちでテーマを設定し、教員と生徒が双方向的に議論しながら探求活動を行っていく授業で、本節の双方向授業と総合的な学習を融合させた画期的な例の一つだと思います。しかし、他の科目と異なり、指導内容や扱う題材が一律に決められていないため、今は指導方法が模索されている段階です。このような教育を受けたことのない教員が、指導にチャレンジしているのが現状で、若干の混乱も認められます。現場で指導のノウハウが一日も早く蓄積され、教員間で共有されるとともに、文科省や教育委員会などの管理機関が、より具体的な指導方法を現場に伝え、教員が安心して自信をもって新しいタイプの授業に臨めるよう早急かつ強力な支援が必要と思われます。いずれにしても、双方向的で総合的な学習形態が科目として設置されたことの意義は大きく、この科目で得られた知見が総合的な学習の時間に波及することを願ってやみません。

平成20年度以前には「探求的な学習活動」は理科の選択科目の中の1単元、すなわち科目中の学習項目のうちの一部として扱われていました。これが理科課題研究という「科目」になったことで、時間的にも内容的にも強化されました。しかし、探究的学習をともなう授業形態を現状の大人数クラスで一年間実施することは決して容易なことではありません。それで、文部

表1　兵庫県立豊岡高校の理数科クラスの2015年度の課題研究

神武山における生物多様性	Biodiversity in Zinmusan mountain.
音楽と作業効率	The relationship between music and work efficiency.
非浸食で血糖値測定を目指して	Developing a blood sugar level measuring apparatus without sampling blood.
日米の数学教科書の比較研究Ⅲ	Comparative study of mathematics textbooks of Japan and of the US(Ⅲ).
フラクタル次元を調べる	Study on fractal dimension.
水とアルコールの混合実験	Study on mixing water and alcohol.
地質学的特徴と人々のくらしとの関係の研究	Research on the relationship between geological features and lifestyle of people living there.
戸島湿地における魚類調査	Survey on fishes in Toshima wetland.
小型水ロケットの性能調査研究	Performance research of the water rocket.

科学省の研究指定を受けた学校が、特定のクラスのみで行っている探究活動を何らかの方法で全校に広げようと試みているのです。例えば、文部科学省よりスーパーサイエンスハイスクール（ＳＳＨ）の指定を受けている兵庫県立豊岡高校の理数科クラスの２０１５年度の課題研究の主題を表１に示します。タイトルに英語が添えてあるのは、課題研究発表会の発表と質問・討論が全て英語で行われたからです。この学校のＳＳＨとしての目標は、生徒を、科学的探究力、見えないものに気づく力、自分の考えを表現する力、国際性、特に科学技術の分野で議論のできる英語力を身につけたうえで、これらの能力を基に社会で活躍する人間に育てることです。筆者の一人畑田は発表会に参加しました。英語のために話し足らず、英語のために聞き足らず、英語の

ために応えたらず、という面が少しはありましたが、この発表会で豊岡高校は英語科と理数科を見事に融合させて国際化の壁の一つを越えることができたと思っております。

理科課題研究は理科の授業に双方向授業の精神を上手に持ち込んだものの一つです。ただ、研究という名前はついていても、あくまでも高校の授業です。あまり長い時間を必要とする実験を組み込んだり、高校生には適切でない科学的レベルのテーマを選んだりしないことと、グループ内の生徒の全員が課題に取り組むよう努力させることが大事です。これらの点に、先生方が十分な注意を払っていただければ、素晴らしい教育効果が上がることは間違いありません。理数科に大いなる興味を持ち習熟度の高い生徒のさらなるレベルの向上とともに、習熟度の低い生徒のレベルの向上にも役立つものと期待しております。

4 根本原理を学習させる教育

いろいろなことの教育的指導を、型から入るのか、内容・根本原理から入るのかは、教育の場における重要な問題の一つです。躾で言えば、「こういう時には、こういうふうにしなさい」と言って、型を上から生徒に浸透させていくのか、それとも、「こういうときは、こういうふうにするのが良いのではないですか、考えてみなさい」あるいは、「こういう理由でこうした方が良いのです」と言って、作法の内容を理解させるのかということでしょうか。換言すれば、作法の型を押しつけるのか、あるいは作法の内容を良く理解させたうえで、作法を学ばせるのかということになります。後者の方法は、時間が掛かるのと、教員側が思っているようには、ことが運ばないこともあります。それでも、こちらの方が適切ということもあるのです。教員が時には選択に迷う難しい問題の一つです。戦前・戦中の学校教育では、全校生徒の前で校長が月一回教育勅語を朗読しました。これは、型から入る方法を繰り返すことで、根本原理の教育に繋ごうとしたと言えなくもありません。校長が教育基本法に記された教育の目的(第一条)と教育の目標(第二条)を、全校生徒の前で月一回朗読して、各条文の意味を少しずつ解説し、学ぶことの意義、根本原理をゆっくりと理解させるのも悪くないかなと思うこのごろです。

(教育の目的)

第一条 教育は、人格の完成を目指し、平和で民主的な国家及び社会の形成者として必要な資質を備えた心身ともに健康な国民の育成を期して行われなければならない。

(教育の目標)

第二条 教育は、その目的を実現するため、学問の自由を尊重しつつ、次に掲げる目標を達成するよう行われるものとする。

一 幅広い知識と教養を身に付け、真理を求める態度を養い、豊かな情操と道徳心を培うとともに、健やかな身体を養うこと。

二 個人の価値を尊重して、その能力を伸ばし、創造性を培い、自主及び自律の精神を養うとともに、職業及び生活との関連を重視し、勤労を重んずる態度を養うこと。

三　正義と責任、男女の平等、自他の敬愛と協力を重んずるとともに、公共の精神に基づき、主体的に社会の形成に参画し、その発展に寄与する態度を養うこと。
四　生命を尊び、自然を大切にし、環境の保全に寄与する態度を養うこと。
五　伝統と文化を尊重し、それらをはぐくんできた我が国と郷土を愛するとともに、他国を尊重し、国際社会の平和と発展に寄与する態度を養うこと。

これまでの、日本の教育は型から入る方法を主流とし、その内容の根本原理を理解させるという指導方法を採ってこなかった傾向があります。根本原理を教えるのを忘れていたと言いたくなることさえあるくらいです。最近、高専の先生から「最近の生徒の中には、電卓は人間が考えた計算法の根本原理を素早くやってくれる機械であることを忘れて、電卓がなければ計算はできないと思いこんでいる者がいる」という話を聞きました。根本原理の学習の必要性を指摘する重要な発言です。

理科で密度のことを教えるのは中学校ですが、先ず密度とは物質の質量を体積で除したものであるという定義を教えて、その後で、1グラムの物体の密度が2であれば体積はいくらか、というような計算をさせます。でも、密度のことを教える前に、物質は分子という目に見えないごく小さな粒子で構成されているという分子の概念を教えていないので、「十円銅貨を水に入れると沈むが、十円銅貨よりは、はるかに重い家の大黒柱を水に入れると浮くのはなぜか」と聞かれると、生徒は、「それは十円銅貨の密度は1より大きく、大黒柱の密度は1より小さいからだ」とは答えられても、そのような密度の違いは何が原因なのかは、いくら考えても答えられません。ところが、ある中学校での出前授業で、分子の概念を教えたうえで、「密度の大小は何によって決まっていると思う？」と聞いてみたところ、一人の生徒が、「分子の質量」と答えたので、「それだけか？」と、もう一度聞いてみたら、別の一人が「分子の集まり方だ。分子がぎゅうぎゅうに詰まっていれば密度が大きくなる」と言ってくれました。非常に嬉しかったのと同時に、根本原理の教育を、多少時間はかかっても、もっと進める努力をするべきだと強く感じた次第です。

日本の学校には、大学はともかくとして、物事の根本原理を考える授業がほとんどなく、また、家庭や地域社会でも、そのような機会はあまりなくて、国民の大部分は、哲学するという か、根本を考える習慣を持っていないように思われます。このような状況下では、学校の先生や教育関係者が、学校教育や生涯・社会教育を通して、国民が物事の根本を考える習慣を身につけるきっかけづくりをすることが非常に重要です。それ以外の問題解決法はありません。小学校と中学校に週1時間ある道徳の授業はこのような目的に適う格好のものの一つであり、道徳とは何か、道徳の根本は何か、を教員と生徒が一緒になって真剣に考えることのできる絶好の場であります。その意味で、道徳の授業は、いろいろな授業での根本原理の教育に繋がり、それを支える重要な授業と位置付けることができます。小学校学習指導要領の第1章総則第1「教育課程編成の一般方針」の2．には「学校における道徳教育は、道徳の時間を要として学校の教育活動全体を通じて行うものであり、道徳の時間はもとより、各教科、外国語活動、総合的な学習の時間及び特別活動のそれぞれの特質に応じて、児童の発達の段階を考慮して、適切な指導を行わなければならない」、また「道徳教育は、教育基本法及び学校教育法に定められた教育の根本精神に基づき、人間尊重の精神と生命に対する畏(い)敬の念を家庭、学校、その他社会における具体的な生活の中に生かし、豊かな心をもち、伝統と文化を尊重し、それらをはぐくんできた我が国と郷土を愛し、個性豊かな文化の創造を図るとともに、公共の精神を尊び、民主的な社会及び国家の発展に努め、他国を尊重し、国際社会の平和と発展や環境の保全に貢献し未来を拓(ひら)く主体性のある日本人を育成するため、その基盤としての道徳性を養うことを目標とする」と記載されています。学校における道徳教育は学校の教育活動全体を通じて行うべきものであり、道徳の教科はその要であると述べられているこの表現については第2章の2節でも触れたところですが、このことは教師だけでなく親・保護者を含む全ての日本人が深く心に留め置かねばなりません。

根本原理の教育をいかに行うべきかについては、次の第4章で詳しく考えてみたいと思います。

5　みんなで学べば資質も上がる、学校は集団で学ぶ場・学習の触媒となる場である

人間の学習能力に関して、一人で学ぶのでなくて、生徒たちが単に教え合うというのでもな

くて、学校の中で先生と生徒が学校という教育の場に一緒にいることで、学ぶ効率が非常に上がるというのは間違いのないことです。学校教育の中で個別に生徒の資質を上げるためには、単純にマンツーマンで、家庭教師的に、先生一人に生徒一人というのが最上の教育のように思われることがありますが、それだけで生徒の資質が最高になることはないと思います。適当な人数で、教える内容、学ぶ内容によってこの適当な人数は若干変わりますが、皆が集まって教育を受けることにより､個人の資質が向上するという面がかなり強いのです。そうでなければ、学校の存在意義がうすれてしまうということに国民は気づかなければなりません。

例えば、数学の問題を考えたり、理科の実験方法を考えたりする際に、数人の生徒と教師が一緒になって議論しながら解を見出していくことで、異なった解法に触れて学びあったり、お互いが補完し合って良い方法を見出したりすることで、たった一日で生徒が目に見えて変容することがあります。このような機会は生徒一人と先生一人という環境では得ることができません。適当な人数の集団で学びあい教えあうことが最上の学習方法であることは、双方向授業の実践や課題研究の授業など様々な分野で語られています。

子どもは、教師を含めて大人が考える以上に広い範囲の、知性、能力、潜在的な様々な能力を持っています。別の言葉で言えば、子どもたちは、学校教育で教師が教える以上のことを学んでいるのです。学校というのは、教員が生徒に知識を授ける場というよりは、むしろ集団の中で生徒の知識学習の意欲を高め、知識の獲得を可能にするとともにコミュニケーションの力を強くする触媒機能を持った学習の場なのです。このことは、第2章の1節および8節で既に述べたところですが、ここであらためて節を立てて強調しておく次第です。

6　学習意欲と真の学力の向上を図るには

小学校へ出前授業に行った時に、なぜ勉強するのかと聞いたところ、良く勉強して立派な職業について世界の人々が幸せになるような仕事を一生懸命するのだと応えてくれた生徒がいました。こういう生徒に教師が一寸したヒントや励ましを与えてやれば、意欲が高く自立のできる素晴らしい若者に成長するはずです。全体の底上げはもちろん大変大事なことではありますが、真面目に努力している力のある子どもの能力を最大限に伸ばしてやるのも、また重要なことです。そして、同じグループの中で素晴らしく成長した仲間をロールモデルとして他の子どもたちも意欲的になり、成長してくれればそれに越したことはありません。まさに一石二鳥です。子どもに勉強のための目標をしっかりと持たせるには、教師の努力だけではなく、家庭や地域社会の人々の努力も必要です。ただ、勉強をしろと言うだけではなくて、勉強の成果が自分たちの、そして、世界の人たちの幸せと平和に繋がるのだということを子どもたちにしっかりと話し、説明することが大事なのです。ひとことで言えば、家庭や地域社会では大人が子どもたちのしっかりしたロールモデルになる努力をするということです。

「学力」を社会が、あるいは、家庭や地域社会でのロールモデルたるべき大人がどう捉えるかは、子どもたちの学習意欲に深く関わってきます。保護者も含めて世の中の人たちは、テストの点数が高ければ学力があるという捉え方をすることが多いのですが、実際はそんな簡単なものではありません。文部科学省の公文書の中でも学力を定義した文は見あたりません。せいぜい思考力・判断力・表現力云々と挙げられているに過ぎません。あえて言えば、学力とは、知識と体験の総量に裏づけられた理解力、思考力、判断力、表現力などの能力ということになるのでしょうか。いずれにしても、学力は点数では表示しにくい部分を含むものとして認識されなければならない能力です。授業で、先生から知識を詰め込まれるのは、生徒にとってはあまり面白くないものです。逆に、子どもが自分で興味を持って言い出した問題について、先生と一緒になって考えるというような授業なら、意欲的に学習するし、その成果は間違いなく理解力、思考力、判断力として生徒の中に残ります。こういう授業は生徒にとっては非常に面白いのです。総合的な学習の理想的な姿ともいえますし、双方向授業の円滑な進行にも繋がって行くものです。生徒から提起された課題について教員と生徒が一緒になって学ぶ形式の授業を少しずつ増やしていく必要があるという考えが、小学校で広がりつつあります。このような取り組みを地道に続けることで、授業は中身の濃いものになり、子どもたちのいろいろな物事に対する関心、意欲が高まって、理解力、思考力、判断力、表現力、すなわち、生きていく上での重要な力が養成されることは間違いないと思います。そしてここでも地域と家庭の大人・子どもたちの先輩のロールモデルとしての役割が必要になるのです。

7　教員の教育技術・能力の向上

現職教員の教育技術・能力の向上が子どもの教育にとって非常に大事であることは言うに及びません。現在は、教員の年齢構成がかなりいびつになっていて、若い先生がベテランの先生から実務を通していろいろなことを学んでいくというタイプの研修が行いにくい状況にあるということです。また、学校の中に、先生同士でいろいろなことを教え合い伝え合うというゆとりが全くないままで、新任の先生がどんどん増えてくるという状況はあまり好ましいことではありません。このような状況では、現場のことが未だよく分からない経験不足の先生には一寸した失敗が時には起こります。最近は、そういうことに対して保護者がいろいろとクレームをつける傾向が強くなってきたようです。それが若い先生を勇気づけるということはあまりなくて、逆に、自信を喪失させ、活力を低下させるという悪循環が起こっているという話をよく聞きます。

法的に義務づけられている教員研修には、新任研修、10年経験者研修、免許更新時講習などがあり、5年次・15年次の研修を課しているところもあるようです。しかしながら、教員の本当の指導力の向上はＯＪＴ（On the Job Training）によって体得されるものが最も多いのです。ＯＪＴの効果が上がるためには、ベテラン、中堅、若手教員が互いに何気なく話ができるような環境が絶対に必要です。現在の教育現場にはこのような時間的ゆとりがなくなってしまっています。このような状況は速やかに改善する必要があります。これについては9節で、教育現場のゆとりの観点から、もう少し詳しく述べさせていただきます。

8　教育委員会の使命と責任

日本の、教育基本法・学校教育法・地方教育行政法という教育関連の法体系とこれに対応して作られた教育委員会とその行政組織は良く整備されています。これによって、教育行政は一般行政とは明確に一線を画しているのです。首長が変わるたびに、教育についての見方や施策が大きく変わるのは、好ましいことではありません。現在の教育法体系を、しっかりと守りつつ、教育100年の計を熟考し、深めていくのが、教育委員会とその行政組織の使命であり、責任でもあるのです。

現在の教育委員会は、地域に明るく、学識経験豊かで高い見識を持つ委員で構成されてはいますが、そこでの議論は、学校現場や社会教育現場と少しかけ離れた位置で行われている感は否めません。教育委員による現場の実態把握が不十分なままで、事務局から報告された内容に基づいて、提出された議題を粛々とこなしていくような委員会になると、日本の法体系が目指している理想的な姿から乖離(かいり)していくことになりかねません。会議の回数を増やしたり、現場を知る機会を数多く作ったり、さらに言えば、若い世代、特に、育成世代の子どもを持つような委員も加えて、教育現場にしっかりと根を下ろした議論をして欲しいと思います。

ここで一つ指摘しておきたいのは、教育委員会事務局、特に学校教育関係は、次節で述べる学校現場と同様に、忙し過ぎるということです。文部科学省や都道府県教育委員会などの上部組織からのおびただしい調査の処理、議会の資料作り、学校にかかわる事故・事件の調査報告などに忙殺され、特に最近は、一年中その様な状態であるように思われます。事務局の業務を、本来それが果たすべき教科指導法や課題解決法の指導などの真の指導的な立場に立つものに戻す努力が教育委員会に強く求められるところです。

教育委員会制度がその真の機能を発揮して、教育上のいろいろな問題が解決され、市民の教育についての理解も深まって、日本の教育に素晴らしい未来が拓かれることを期待して止みません。

9　教育現場にゆとりを

学校現場のゆとりのなさは、出前授業に行った時に強く感じることの一つです。1年のうちで日曜が休めるのはほんの数日だとか、朝は6時ごろから出てきて仕事をし、家に帰るのは夜の10時過ぎという話も聞きます。こんな状態で子どもの教育を行うのは相当大変だと思うし、よく体がもつなと心配するくらいです。

通常の授業とその準備、生徒との面談、家庭訪問などの普段の仕事に加えて、環境教育、国際理解教育、性教育、食育・健康教育などの課題教育、生徒の部活動支援、さらには進学傾向調査、事故調査など諸々の教育委員会への報告事務など、学校に課せられる仕事は増えていく一方です。学校によっては7節で述べたような親のクレームに時間を取られることもあるでしょう。仕事だけ増えて教員の数は増えないというような状況をいつまでも放置してはなりません。教員は1日24時間勤務になったり1週7日勤務になったりしても止むを得ない、というような誤った職業観は教員自身もきっぱりと捨てるべきです。教職は平日に休暇をとることのかなり難しい職種であることを考慮すれば、土曜日・日曜日の部活動に通常の教員を参加させることは原則禁止すべきことだと考えます。あってはならない状況を放置して、日本の将来にとって非常に大事な教育現場を破綻に導いてはいけません。早急に国および市町村が予算的措置を講じて、教育現場のゆとりを取り戻し、教員の質と量の保持・向上に努力する必要があります。教育委員会も、もっと主導的にこの問題の解決に当たるべきです。また、小・中・高校では事務職員の数が大学に比べて極端に少なく、その影響が教員の肩に重くのしかかっています。この問題も、理科の授業の実験助手の定員の増強なども含めて、予算的措置による極めて緊急の改善が必要です。

課外授業や部活動の指導については外部人材の導入を積極的に考えてはいかがでしょうか。この種の教育支援を無償あるいは低額報酬の奉仕活動として行ってくれる団体もロータリークラブを含めてかなりできていると思われます。ちなみに、筆者の一人畑田の所属する豊中ロータリークラブ（国際ロータリー２６６０地区）では、職業奉仕委員会を中心に出前授業と職場体験学習による学校教育支援を毎年無料で行っています。

いずれにしても、ここに述べたことが実現し、教員がゆとりを持って意欲的に仕事ができるためには、教育現場の状況についての国民の深い認識が不可欠です。これなしには問題は解決しません。学校と社会との循環が悪循環に陥らないためにも、教員、そして、生徒・学生とその親らも、もっと積極的に建設的発言をするべきではないでしょうか。

そのような発言が有効に働くために、今の学校の周りにあるいろいろな意味での垣根を取り払い、学校をもう少し周りの風景になじむものに変えていく努力をしてみるのも大事なことだと思います。それによって、学校現場で働く人たちが、もっと社会との繋がりを持つ可能性が生まれてくるはずです。これは、形から入って、根本を少しずつ変えていくというタイプの変革です。子どもたちに地域の文化財、特に文化財建造物などの歴史的建造物に関心を持たせるのも必要なことです。学校への行き帰りに毎日通る美しい街並みの重要性を生徒に理解させて、生徒の家族、さらには地域の人々の文化レベルの向上と教育の重要性の理解に繋ぐことも不可能ではないと思います。

10　生徒、教員、保護者間の信頼関係の構築とPTA、PTCAの活用

教員が授業をはじめとして種々の教育活動を行いやすい環境が用意されていることは、学校教育にとって極めて重要です。先生が社会的に尊敬されているような状況を作って、授業をし

やすいようにしようという意見もよく聞かれます。ただ、それは、誰かが「先生を尊敬しなさいよ」と言えば達成できるというような簡単なものではありません。先生が日々研修に励んで子どもとの間に彼らがごく自然に先生を尊敬するような信頼感を作り上げると同時に、親・保護者、家庭・社会が学校教育に全面的に協力する体制をつくって先生を支援しなければなりません。これらのことは、教育基本法第九条および第十三条に謳われています。すなわち、第九条「法律に定める学校の教員は、自己の崇高な使命を深く自覚し、絶えず研究と修養に励み、その職責の遂行に努めなければならない。2　前項の教員については、その使命と職責の重要性にかんがみ、その身分は尊重され、待遇の適正が期せられるとともに、養成と研修の充実が図られなければならない」、および、第十三条「学校、家庭及び地域住民その他の関係者は、教育におけるそれぞれの役割と責任を自覚するとともに、相互の連携及び協力に努めるものとする」です。また、日本国民は、教育基本法第二条第一項の「豊かな情操と道徳心を培う」こと、および、第三項の「自他の敬愛と協力を重んずる」ことが教育の重要な目標であることを忘れてはなりません。これは、自分のことだけでなくて、他人のことも視野に入れ、ある程度の寛容さを持って、物事を判断するという、広い意味の道徳の問題なのです。

第2章で述べた経済協力開発機構（ＯＥＣＤ）の国際的な学習到達度調査（ＰＩＳＡ）で優秀な成績をあげているフィンランドで子ども・高校卒業者に対して定期的に行われる世論調査によると、フィンランド人の若者の中で、教職は常に最も評価されている専門職の一つです。教員の職業威信が高く、その社会的名声や専門職としての自律性が確立していて、自身が社会や公共の利益に尽くしていることを自覚できる環境にあることも、魅力の一つとされています。また教員は、クラスや学校が抱える問題を科学的に検証し、その改善に向けた対策を考え実行していくことが求められますが、それが解決できれば、その結果として、子どもにとっての最善策を知る専門家として保護者から一層の信頼を集めることができるわけです。これらに加えて、初等教育・中等教育で終身雇用の教員として採用されるためには修士号が必要です（参考文献1）。教員全体の専門職としての知的内容が広く深いのが保護者の教員に対する信頼感の高いことの一因であることは間違いありません。我が国もぜひ見習いたいことの一つです。教員の専門職としての能力の向上による明るさと希望に満ちた学校教育環境の構築は日本の最優先の実行課題です。

学校教育に関わる問題は、教師、親・保護者、それと当事者である子どもたちが一緒になって話し合わないと解決できません。子どもたちは、話し合いに参加することで、自分たちは、将来の社会をより良いものにするために学んでいるのだという自覚と使命感を持ち、それを高めてくれます。ところが、今の学校の先生は、放課後に子どもたちと一緒に遊んだり、話しあったりする時間的余裕がほとんどなく、子どもとの心の接点が作りにくい状態に置かれていることが多いようです。これが作れないから、信頼感もできない、それで、親・保護者との間の溝も次第に深まっていくという状態で、信頼感の構築に現場の先生方が苦慮しておられる様子が窺えます。教師とその教えを受けて社会に出ていく子どもたちは、社会をより良いものにしていくという重要な使命を担っているのだということを国民は深く認識し、生徒、教員、保護者間の信頼感の構築に協力して欲しいと思います。それができて初めて、地域社会と緊密に連携し、社会をより良い方向に導く力を備えた学校ができ上がるのです。教師と生徒の間の対話を促進し、互いに腹蔵（ふくぞう）なく話せるような場所と機会を学校内に作り、知識の落差、人生の経験の落差によって起こる問題を解消するための何らかの翻訳のプロセスが機能するような工夫ができれば、生徒の先生への信頼感は深まると思います。そういう場に、親も徐々に参加できるようになれば、三者間の信頼も深まって行くはずです。

戦後、日本がアメリカから学んだものの中に、ＰＴＡ（Parent-Teacher Association）があります。最近は、ＰＴＣＡ（Parent-Teacher-Community Association）とも言われますが、その使命・目標は、親・保護者と教員が互いに学びあって教養を高め、その成果を学校・家庭・地域に還元し、児童・生徒の健全な発達に寄与することです。子どもと親の繋がりを、学校社会、地域社会に展開して、学校教育の支援をすることもＰＴＡの大事な役割です。ＰＴＡは決して学校の単なる後援会ではありません。先に引用した教育基本法第十三条には、ＰＴＣＡが機能することの重要性が明確に述べられています。ＰＴＡあるいはＰＴＣＡは学校教育にとって絶対必要なものであり、これらの組織を、もっと活用して、その機能を最大限に発揮することは、国の将来に関わる重要な事柄であることは間違いありません。最近、ＰＴＡの将来を考える動きが活発になっているのは結構なことですが、その議論の内容がここに述べたようなＰＴＡの本質から少しずれたものがかなりあるような気がしております。今こそ、ＰＴＡ発足当時の根本理念に立ち返って真剣な議論を行い、本節の主題である生徒、教員、保護者間の信頼関係の構築と教育支援を推進するべき時と考えます。

現在の教育界における一つの問題点は、いわゆる企業論理が教育を考える場に持ち込まれてきて、それが学校教育の中身を測る一つの尺度になりかねない状態になっていることです。たとえば、企業論理である顧客満足度のようなものに基づいて、学校について何か満足できないことがあれば、客である親は、その改善のために意見を言うのは当然だという考え方が、一つの大きな流れになってきているのです。ここで大事なことは、その意見が本当に重要な問題を指摘しているのであれば、それを解決するには、どうすればよいのかを先生、親、子どもが一緒になって考えることです。これら三者間の心の結び付きがしっかりしておれば、問題は解決できるはずです。残念なことにそうならないで、親が一方的に先生を非難するだけで、問題の解決は企業側である先生や教育委員会の責任と考えて自分たちは何もせずに澄ましているということが間々あるのです。こんなことを続けて、先生を親や社会の非難や反対を避けるための鎧をまとった教える機械にしてしまっては元も子もありません。それで一番損をするのは自分たちの子どもだということを、日本の親・保護者は理解して欲しいと思います。しかしながら、親・保護者もまた学校教育の成果として社会に生まれ出たわけです。先ずは、教育の世界で、教員、親・保護者、地域の人たち、子どもたちの信頼のきずなで結ばれた教育システムを作り上げることが先決です。さらに言えば、教育の場で、効率性、合理性、経済性、費用対効果などをあまり重視すると、手のかかる子どもは切り捨てるというようなことになりかねません。教育の成果には20年、30年先になってはじめて分かるものが多いことを考えれば、教育の場で短期間の費用対効果などを論じるのは無意味に近いと言っても過言ではありません。

もう一つの問題は、マスコミの報道の社会への影響です。教育の場で起こった問題を報道する記事の内容の表面だけを読むと、部外者には責任の全てが先生にあるように見えることが時々あります。問題の根本を深く考えながら読めば、そんなことはないのですが、そういう習慣・知識を持つ読者・市民は非常に少ないのが現状です。それならば先生自身がもっと発言すればいいではないかという意見もありますが、そういうことは非常にしにくいような空気が今の日本の社会には漂っています。これも、世間がマスコミの報道を無批判に受け入れるためだといって、嘆いても問題は解決しません。先にも述べたように、国民のほとんどすべては日本の学校教育から生まれたのです。どこかで、この悪循環を断ち切る以外に方法はありません。それのできるのは、ＰＴＡを措いて他にはないと思います。そして、ＰＴＡにはＰとＴが入っていることを、ゆめお忘れなきようお願いします。その運営がＰＡやＴＡに近いようなＰＴＡではその重要な使命は果たし得ないのです。ＰとＴが一致協力して学び、考え、その成果を教育の現場のいろいろな意味での向上に役立てるのがＰＴＡの使命であり責任です。

11　原級留め置きを考える

ＯＥＣＤによる国際的な生徒の学習到達度調査（Programme for International Student Assessment, ＰＩＳＡ）の日本の順位があまり芳しくないということがよく問題になりますが、これでいつも上位のフィンランドは、いわゆるゆとりの教育の国で、知識詰め込み型の教育をやっているのではありません。ゆとりの教育で、成績が高いのです。この点に関して留意して置かねばならないのは、北欧の教育制度では、ある学年の授業内容をクリアできなかった場合には、原級に留まることができるということです。それで、修得レベルの非常に低い生徒が進級してしまうのがある程度防止できて、能力の低い生徒にレベルの高い授業を押しつけるようなことにならず、先生にも生徒にもゆとりができて、教育効果が上がるというわけです（第2章の4節参照）。

フランスでは、原級留め置きは、それによって効果が上がるということが、はっきり分かっている場合にだけ行うということです。原級留め置きをしても無意味と判断された生徒は、成績が悪くても、そのまま進級させてしまうそうです。原級留め置きにしても結局は中退せざるを得ないような生徒を留年させても、成績の向上には繋がらないし、教育効果があるとも思えないからでしょう。義務教育での原級留め置きは、教員が、効果があるという判断をした場合にだけ行うのが良いということです。

12　子育て教育を考える

親は子どもを育てながら、親として成長していくことが必要です。この必要性は、昔の大家族の中では、ごく自然に満たされていましたが、それが成り立たなくなった今、熱意を持って一生懸命子どもを育てる親業の教育を、社会教育分野での制度として確立することが必要不可欠と思われます。そうでなければ、家庭は新任教員ばかりの学校と同じになってしまうのです。さらに言えば、幼稚園や保育所まで、義務教育の始まりを低年齢化して、幼稚園、保育所と小学校の低学年とを一緒にしたような部分で、学ぶことの面白さ、周囲の人と関わることの面白さ、子ども同士で遊び合うことの面白さを、しっかり身につけさせて、生涯もっともっと学び続ける日本人を作るために、面白くて乗り越える楽しさや快感を味わわせてやりたいと思います。そのような教育の核になれるのは、その大事な時期に子どもの傍にいて、適切な支援ができて、手を差し伸べることのできる親・保護者なのです。

従って、「親になる」ことから「親である」ことを生涯続けていくために学ばなければならないことは何かという「親学」の必要性と重要性はいくら強調してもし過ぎということはありません。学校が生徒の親の子育て教育を行うことは、もちろん必要ではありますが、「親学」は、もっと早い時期に始めなければなりません。幼児期の教育がその子の一生を左右すると言っても過言ではないので、親になるとわかった時から、子どもをどのように育てていけば良いのかを繰り返し学んでいけるような社会的システムが必要です。これは、子どもの親であることの自覚をしっかりと持った親をつくるためにも是非とも必要なことです。たとえば、子どもの6ヶ月検診、12ヶ月検診のときに、子育て研修を義務化するという方法が考えられます。いわゆる、子どもの成長とはどういうことか、子どもとはどういう存在なのか、子どもはどう成長していくのか、その過程でどのような課題が、どの時期に出てくるのか、それを克服するためには、どんな手立てが必要で、子どもに対するどんな語りかけが必要なのか、というようなことを、親に先ずしっかりと学んでもらう研修です。以前からある母子手帳に加えて、最近作られ始めた父子手帳も親学の教材として大いに役に立ちます。母子手帳の歴史は昭和17年に発行された妊産婦手帳にはじまります。この時、世界ではじめての妊産婦登録制度が発足したのです。この制度は妊娠したら市町村に届け、手帳を受取り、出産まで3回は医師、助産師の診察を受け妊婦の状態、出産の状況などを記載するというもので、これにより妊婦が妊娠中に医師、助産師らによる健診を受ける習慣が定着しました。当時は戦時中でさまざまなものが配給制の中、手帳を持参すると米、脱脂綿、さらし、ミルクなどが手に入ったため手帳は爆発的に普及しました。戦後の昭和22年、児童福祉法が成立し、妊産婦手帳が出産までの記録であったのを小児までに拡大し、昭和23年、母子手帳として様式が定められました。さらに昭和40年の母子保健法の成立に伴い母子健康手帳と改名され現在に至っています。この母子健康手帳は日本の乳児死亡率を世界一低くした理由としても評価されています。他に国レベルで母子手帳を使っている国はオランダ、タイ、韓国だけです（参考文献2）。

なお、教育基本法第十一条に「幼児期の教育は、生涯にわたる人格形成の基礎を培う重要なものであることに鑑み、国および地方公共団体は、幼児の健やかな成長に資する良好な環境の整備その他適当な方法によって、その振興に努めなければならない」と幼児教育の重要性が述べられていることを、全ての親そして全ての国民は深く認識して欲しいと思います。

13　本章を終えるに当たって

教育・文化予算の充実に反対する人はほとんどいないのに、そのための税負担の増額を好まないという人もいる現状を認識したうえで、日本の国民が、教育・文化について、もっと真剣に、具体的に、考えてくれるよう、教育関係者がいろいろな面から社会に発信し、夢と希望と使命感を持って努力を重ねる以外に教育・文化にかかわる様々な問題を解決する良い方法はないように思われます。どのような努力をすれば夢と希望が叶えられるかは第4章で考えます。

幸い、日本には、教育行政から教育現場の学校にいたるまで、教育を天から与えられた素晴らしい仕事、すなわち、自分の天職と考えて、生徒・学生との様々な出会いの記憶を糧にして、今よりももっと良くなりたい、良くしたいと考える伝統が、教育に携わる人たちの間に今も残っています。この、世界に誇れる素晴らしい文化的伝統が教師の日常の忙しさの中に埋没し、消え去らないうちに、国民は教育現場で働く教師の精神的・財政的支援を真剣に考えて欲しいと思います。

※本稿は、2010年11月14日（日）、大阪府羽曳野市郡戸の畑田家住宅で、畑田家住宅活用保存会主催、羽曳野市・羽曳野市教育委員会後援、大阪大学総合学術博物館協賛のもとに開催された教育フォーラム「これからの教育 ―変えねばならないこと、変えてはならないこと」の録音記録を編

集した報告書（http://culture-h.jp/hatadake-katsuyo/education-forum2011.pdf）を基にして、司会者の畑田耕一とパネラーの一人関口煜が起草した原稿を当日のパネラー10名が校正して作成された論文「教育の素晴らしい未来を拓くために」（http://culture-h.jp/hatadake-katsuyo/education-forum2011-summary.pdf）を許可を得て補筆・改訂したものである。

※フォーラム開催当時、[1]畑田耕一は大阪大学名誉教授・畑田家住宅当主、[2]関口　煜はフランス国立科学研究センター名誉研究員、[3]池田光穂は大阪大学コミュニケーションデザイン・センター教授、[4]栗山和之は大阪府立春日丘高等学校校長、[5]大友庸好は梅花学園入試担当、[6]山本　清は前羽曳野市立丹比小学校校長、[7]疋田和男は前羽曳野市立古市小学校校長、[8]久堀雅清は前羽曳野市立高鷲南中学校校長、[9]安部孝人は羽曳野市立西浦東小学校長、[10]戸川好延は羽曳野市教育委員会教育室長、[11]吉澤則男は羽曳野市教育委員会文化財保護課、[12]渋谷　亘は兵庫県立豊岡高等学校教諭

第4章 これからの日本の教育
―物事の根本原理を考える力と習慣―

[1]畑田耕一、[2]桝田定子、[3]関谷洋子、
[4]戸部義人、[5]北村公一、[6]松山辰男

本章の著者らは、豊中ロータリークラブの青少年奉仕活動の一環として、2001年より、豊中市の小学校・中学校を中心に、会員の専門に関する主題で出前授業を行ってきました。その目標の一つは、生徒に学校の授業で学習する内容が実社会でどのように有効に活用されているのかを学習させることで、学校の授業と実社会の生活との関わり合いを認識させて、授業での学習意欲を一層高め、学校教育の効果向上の支援をすることです。例えば、高分子科学の専門家が、プラスチック製品、ゴム、繊維などいろいろな高分子製品を教室に持ち込んで、それらが日常の生活にいかに役立っているかというお話をする類です。そんな中で、この高分子科学の授業では、高分子は細長い紐の様な分子であるという高分子科学の根本を先ず話しておかないと、単に面白い物をたくさん見たというだけに終わってしまいかねないことが分かりました。よく考えて見ると、日本では、どのような分野でも、物事の根本を考えるという姿勢・習慣があまりないのです。このことは、「生とは何か」、「死とは何か」というような人の生活の根本に関わる問題についての話し合いをしてみると、よく分かります。学校の先生も教科書の内容を学習させるのに精一杯で、根本原理にまでは手が回らないのでしょう。これまでの日本の教育は、生徒に知識を習得させることを主流とし、物事の根本原理を先生と生徒が一緒になって一生懸命考える教育を怠ってきました。これでは、これから先、日本がいろいろな分野で世界をリードする使命を果たせません。これが、専門家が出前授業を通して、自己の分野の根本原理を子どもたちに語ることで、先生方の授業を側面から支えなければと、著者らが思うにいたった理由です。

これは少々変わった例かもしれませんが、スーパーで「冷暗所に保存」と書いてある食品を前にして、「冷」とは何度のことかと店員に聞いて答えが返ってこないことがあります。でも、これは店長に聞きに行けば直ぐに解決するというほど簡単な話ではないのです。「冷」とは25～15℃のことなのか、それとも25℃以下なら何度でも良いのか、包装はこの食品の特性に適したものになっているか、などいくつかの分野の根本原理を含む問題が隠れているのです。「10℃以下で保存」と書いてある食品の販売店に、冷凍室に入れても良いかを問い合わせたところ、かなり待たされたうえで、「五日ぐらいなら良いがこれを超えるのはあまり好ましくない」という答えが返ってきました。「10℃以下で保存」にはこのような意味は全く含まれていないと思います。この章では、根本原理の教育に関わるいくつかの話題について考えてみます。

1　根本原理の教育とは

本節では、先ず、根本原理の教育の意味・意義について、具体例を挙げて説明します。例えば、水50㎖とエタノール50㎖をメスシリンダー内で混ぜると、かなり激しく気泡が発生し、全体の体積は１００㎖にはならず、96～97㎖になります。この実験を小学生に見せると、子どもたちは予想外の結果に驚き、事実を深く頭に刻んでくれます。でも、ここで大事なことは、この事実を覚えさせることではなく、なぜこんなことが起こるのかを考えさせることです。そのためには、物は全て分子という、その物質に特有の小さな粒からできているという化学の根本原理の一つである分子の概念を教えておかねばなりません。そして、エタノールの分子は水の分子に比べて大きいことを話したうえで、大豆50㎖と米50㎖を混ぜると何㎖になると思うか、というヒントを与えると、小学校低学年の生徒でも水とエタノールの混合時の体積減少の理由の大略を自分で考えることができます。

根本原理の教育というのは特定の適切な主題を選べば、決して難しいことではありません。問題は、それを聞いた生徒が、その授業をきっかけにして、どれだけ根本原理の学習あるいは考察を日頃の生活に適用できるようになるかです。このエタノールと水の混合実験で、エタノールと水が完全に混ざっていなければ、体積の減少量は正確な値にはなりません。混合が完全に行われたか否かは、体積減少量の時間変化を見ればおおよその見当がつきますが、この際、混合による発熱で液全体がある程度膨張することも考慮する必要があります。エタノールと水は屈折率が違うので混ぜる操作をすると、完全に混ざってない時は溶液に縞模様が観測されます。混ぜるという実験操作の目的が完全に達成されているか否かの判断が、自分でできるか否かが、根本原理の教育の心が理解できているかどうかの分かれ目になります。ここで述べたようなことをいちいち説明したのでは、生徒の考える力は育ちません。彼らは先生の答えを丸暗記してしまう傾向が強いからです。良き教員は、必要な知識を学ばせたうえで、答えを教えないで生徒自身に考えさせる教師、あるいは生徒同士で議論させる教師、ということになります。エタノールと水を混ぜるとなぜあんなに激しく泡が出るのかも、生徒たちに考えさせる格好の問題であるといえます。ここで大事なことは、生徒の考えを聞く必要があるときは、教師は、たとえ、それが自分の個人の考えであることを断ったとしても、答えは言わない方がよいということです。答えを言うことが、生徒に特定の考えを押しつけることになってしまい、ひいては、生徒の考える力をそぐことになる可能性があるのです。とは言ってもこの実験を小学生にやらせたときには、このような考え方の全てが成り立つわけではありません。彼らは、熱膨張のことも屈折率も、知識としても経験としても持ち合わせていないからです。生徒・学生の知識と経験をよく勘案して、適時、適切な助言を与えるのが教師の大切な役目です。

　エタノールと水の混合による体積減少のような現象について学ばせる授業では、事実を口で伝えるだけでなく実験をすることが授業の効果を高めます。メスシリンダーに先ず50㎖の水を入れ、その上に微量の食紅で赤く着色したエタノールを静かに水と混ざらないように加えてエタノールの液面がメスシリンダーの１００㎖のところにあることを確かめたうえで（写真左）全体をよくかき混ぜると約97㎖になる（写真右）ことを確かめます。これで、後から入れたエタノールがすこし少なかったのではないかというような疑いを持つ人をなくすとともに、体積の減少が間違いなしに水とエタノールの混合によって

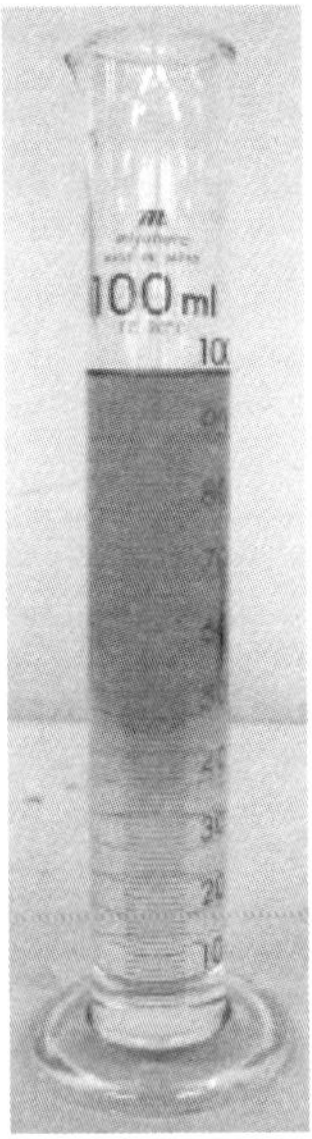

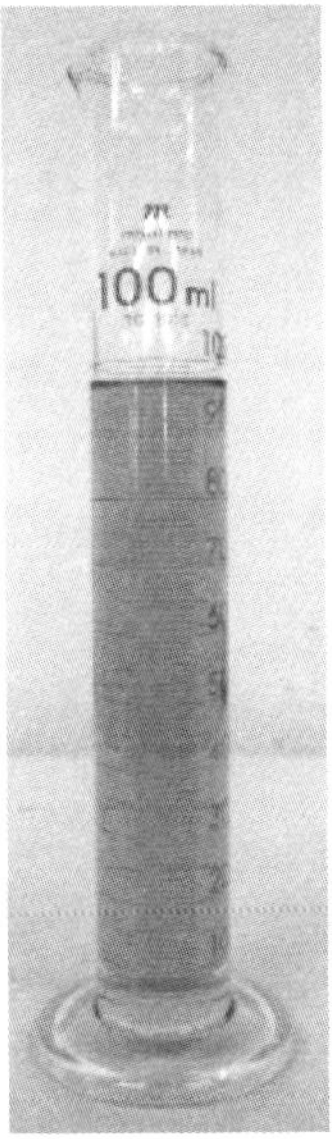

起こっていることを理解してもらうことができます。授業中の実験ではその演示の方法にも工夫が必要です。水とエタノールの分子は大きさが違います。これらを混ぜ合わせるとお互いの分子の隙間をうめるようにまじり合って、混合前の両者の体積の和よりもまぜた後の体積は小さくなるのです。これは小石と砂を混ぜた時に起こる体積の減少に似ています。この実験を通して密度の大小が分子の質量だけではなく、その集まり方にも影響されていることを生徒に理解してもらうこともできるはずです。

鉄の塊をゴム紐で吊るし、ゴム紐に熱湯をかけると、ゴムが縮んで鉄塊が持ち上げられます。このゴムの面白い性質も、相手が高校生ぐらいでゴムの分子の構造と性質が十分学習できておれば、比較的容易に考察することができます。この考察の根本になるのは、ゴムは高分子という細長い糸のような形をした分子からできていて、その糸のような細長い分子の各部分が熱湯からエネルギーを貰って激しく動くと、丸まった形になって縮むということです。各部分が激しく動いている細長い分子が両端から引っ張ったりしない限り縮むということは、数十人の人が手を繋いで高分子の模型を作り、両端の二人は空いた片方の手で地上に立てた旗の棹を握ったうえで、それぞれが手を強く握り合ったままで前後左右に激しく動くと、両端の旗は大抵の場合に引き倒されるという実験から、容易に理解することができます。ただ、ここで大事なことは、ゴムの木の樹液から取り出したばかりのゴムを引っ張ってもだらだらと延びるだけで、手を離しても元の長さには戻らないということです。これは、ポリマー分子の実際の長さはきわめて短いので、ゴムを引っ張っても分子の両端を手で持って引っ張ったことにはならず、分子と分子の間でずるずると滑ってしまうためです。われわれが実際に使用しているゴムは加硫といって、ゴムの木から取り出したゴムを硫黄と反応させてゴムの分子同志をところどころ硫黄原子で繋いであります。つまり、ゴムの塊はそれ自身が実に巨大な一つの分子ということができるのです。こうすることによって、外部から加えられた力が直接それぞれのゴムの分子にかかるようになり、引っ張れば伸び、手を離せば元の長さに戻るというゴムの性質が出現するわけです。授業を、ただ面白いだけの科学手品に終わらせてはなりません。

「60℃の水と40℃の水を等量混ぜると何度の水になるか？」という先生の質問に、この答えを体験的に知らない子どもが１００℃（＝60℃＋40℃）と答えて、先生が60℃と40℃の中間の温度になることを実験抜きでは説明できず、困ったという話を聞いたことがあります。物質の温度はその物質を構成する分子の運動の速さ（激しさ）の指標であることを先生が理解していれば、「60℃の水の分子は40℃の水の分子よりも激しく動き回っている。両方を混ぜると、お互いに衝突してエネルギーを交換し、平均して両者の中間の速さで動き回るようになって、中間の温度になる」と説明できたはずです。これなら、相手が小学生でもある程度分かって貰えたのではないかと思います。物質の性質や機能を考えるときに、その根本原理である分子の概念がいかに大事かを物語る話です。ここで大事なことは、先に述べたように、物質の温度というのはその物質を構成する分子の運動の速さの指標であって、熱エネルギーではないということです。この温度の定義を知らない生徒は中学生や高校生にもかなりいます。

化学反応の学習でも、朝顔の花を絞った汁に酸を加えると赤くなりアルカリを加えると青くなるというのは確かに面白いですが、それだけでは、化学が個別の現象の暗記ものになってしまいます。それよりも、化学反応というのは分子と分子が衝突して、分子を作っている原子同士の繋がりが切れて、別の繋がりができて、新しい分子が誕生する変化（A–B + C–D → A–D + C–B）なのだ、と教えた方が子どもたちの考えは大きく広がります。たとえば、水素が空気中で燃えたり、場合によっては爆発したりするのは、水素原子二つでできている水素の分子二つと酸素原子二つでできている酸素の分子一つから、水素原子二つと酸素原子一つが結び付いた水の分子二つができる変化である、という具合です（2 H–H + O=O → 2 H–O–H　ここで、Hは水素原子を、Oは酸素原子を表しています）。具体的な化学反応について、下の図の様な分子模型を用いて教えれば、学習効果を上げることができると思います。

　次に、社会の授業で税金のお話しをする時のことを考えてみましょう。国民の三大義務の一つである納税の義務を教えることはもちろん大事ですが、もっと大事なことは、単なる義務感だけではなくて、世の中の全ての人達の努力に感謝し、助け合いの精神をもって税金を納めることのできる地域社会、日本、そして世界の創成であることを学ばせることです。教育を受けて働く能力を身につけ、働いて賃金を得

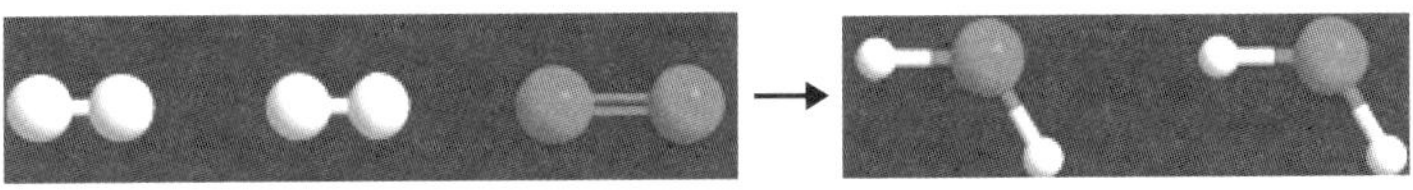

ここで、白い球は水素原子を、灰色の球は酸素原子を示しています。水素原子は他の原子と結合する手が１本ですが、酸素原子は手が２本あります。それで、酸素の分子では２個の酸素原子が互いに２本の手をつないで結ばれているし、水分子の中の酸素原子は２個の水素原子と手を繋ぐことができるのです。

て、その一部で税金を納めて社会の役に立つことが、人々の喜びであり誇りであるような世の中を作り上げる努力を生徒たちに求めたいのです。まさに、中国の成語「飲水思源」の世界の創成です。

ケネディ大統領は1962年2月1日の議会への公共福祉プログラムに関する教書の中で、身体に障がいのある人の社会復帰に対するアメリカ合衆国の予算措置と若干の法的問題について話した後、その前年度に職業的社会復帰（就労）プログラムで職を得た92、500人の障がい者のうちの15、000人は、以前は福祉受給していた人たちであることを述べています。納税者が提供する福祉に依存していた人たちの15、000人が、納税者に変わったことになります。ケネディはこの事実をもとに、このプログラムは、それによって利益を得られるすべての福祉受給者が職業的社会復帰を果たすまで続けるべきであると主張しています。我が国の福祉政策も、金銭的支援に加えて、職業的社会復帰のためのプログラムのさらなる量的・質的な充実が求められます。

ここまでは根本原理の教育について、いくつかの具体例を通して、お話しさせていただきました。ところで、教育にはいつも生徒・学生の評価の問題がつきまといます。彼らが必要な知識とそれらについての根本原理をよく理解しているかどうかを筆記試験や口頭試問で調べることは比較的容易です。ただ、大学入試のような、短期間に大量のデータを処理する必要のある試験では不可能に近いという意見はあると思います。もしそうなら、根本原理の理解度を試すような問題を無理に入試問題に加える必要はありません。大事なことは、試験をすることではなく、教育によって問題の根本に思いを致す力と習慣に満ち溢れた社会、すなわち学習指導要領にいう生きる力に満ちた社会をつくることです（小学校、中学校、および高等学校の学習指導要領総則参照）。小学校学習指導要領の第1章総則第1「教育課程編成の一般方針」の1.の第2段落には、「学校の教育活動を進めるに当たっては、各学校において、児童に生きる力をはぐくむことを目指し、創意工夫を生かした特色ある教育活動を展開する中で、基礎的・基本的な知識及び技能を確実に習得させ、これらを活用して課題を解決するために必要な思考力、判断力、表現力その他の能力をはぐくむとともに、主体的に学習に取り組む態度を養い、個性を生かす教育の充実に努めなければならない。その際、児童の発達の段階を考慮して、児童の言語活動を充実するとともに、家庭との連携を図りながら、児童の学習習慣が確立するよう配慮しなければならない」と、児童にはぐくませるべき生きる力の内容が説明されています。この小学校学習指導要領総則の文章は、中学校、高等学校の学習指導要領においても全く同じです。この文言の中、特に傍線の部分は、筆者らが主張する根本原理の教育とその展開の必要性・重要性を別の言葉で述べているように思われます（傍線は筆者が加筆）。

スティーブン・R.コヴィーの名著「7つの習慣」には、生きていくうえで身につけるべき習慣が次のように上手にまとめられています。上記の学習指導要領にいう「生きる力」を日々の習慣という別の面から分かりやすく解説しているとも言えます。

「7つの習慣」(The Seven Habits)
第1の習慣・主体性を発揮する (Be Proactive)
第2の習慣・目的を持って始める (Begin with the End in Mind)
第3の習慣・重要事項を優先する (Put First Things First)
第4の習慣・Win-Winを考える (Think Win/Win)
第5の習慣・理解してから理解される (Seek First to Understand, Then to Be Understood)
第6の習慣・相乗効果を発揮する (Synergize)
第7の習慣・刃を研ぐ (Sharpen the Saw)

「7つの習慣」のうち第1は自分から進んで勉強が楽しいものと思いながらする習慣、第2は人生の終わりの寿命が尽きるときどうありたいかという目的をしっかりと持って日頃の行動をそれに合わせる習慣、第3は人生の目的に近いものから優先して行っていこうとする習慣、第7は正しく判断するために日々豊かな知識と経験を蓄える学習をする習慣を示しています。これらの4つはいずれも自己完結できる行動に関する習慣です。一方、第4は相手とWin-Winの関係になれる習慣、Win-Winの関係とは関係者の双方に得るものの多い関係、そして望ましくはその周辺の全ての関係者間にWin-Winが成り立っているような状態をいうと考えられます。第5は深い人間関係を築くためには先ず相手の話を聞く習慣、第6は互いに力を出し合って1プラス1以上の仕事をする習慣で、いずれも他人とのかかわりがあって初めて完結する行動の習慣です。後者の3つは相手の数が多ければ多いほど社会の人々の「生きる力」は大きく深くなっていくものと思われます。Win-Winができるだけ多くの人の間に成り立っていることが望ましいのです。前者の4つだけでなく、後者の3つも含めて、教育を受ける立場の人間が心得ておくべきことを見事に言い表しています。そのうえ、学習指導要領に比べて文章も平易で簡潔です。大学生と言わず、むしろ志の非常に高い小学生のうちから学ばせて、能動的学習の習慣を身につけさせておくのが良いのではないでしょうか。そうすれば、根本原理の教育はごく自然に学校教育の中に浸透していくと思います。

以上、これからの日本にとって、物事の根本を考える能力を身に付けさせる教育が重要であることを、いくつかの例について述べました。このような教育には、どのような教え方、学ばせ方がよいのか、教師は生徒・学生とどのように関わるべきなのか、家庭・社会はどのように支援するのがよいのか、試験制度はどうあるべきか、生徒・学生の評価の仕方は？　などを様々な観点から、子どもも大人も一緒になって考えてみて下さい。次の2節の(1)で述べるように、フランスでは物事の根本原理を考える分野である哲学の教育が高等学校で行われています。フランス国民の大部分は物事の根本原理を考えるのはごく当たり前のことと理解しているのです。日本国民が最も見習うべき点ではないでしょうか。

2　根本原理の教育をいろいろな観点から眺めてみると

(1) 根本原理の教育の実行上の問題点とその解決

根本原理の教育はそれがいかに素晴らしい理念に支えられたものであろうと、また教育基本法と学習指導要領に盛り込まれた崇高な教育理念に合致するものであろうと、また、多くの教師がその精神をよく理解して生徒の教育に当たるにしても、これを40人クラスで一人の教師が行うのはかなり困難であるという意見があります。一人の教員が、全ての生徒の能力を考慮した個別指導を行うことは、もちろん、不可能です。これは、根本原理の教育のみに関わる問題ではなく、授業の内容の難易度をクラスの生徒のどのあたりに置いて学習させるかという教育の根本問題に深く関わってくることであります。通常は、クラスの平均的な能力の生徒に合わせた授業をすることになるのでしょうが、そうすると、通常の習熟度分布のクラスでは、上位の子どもが授業に退屈するというような問題とともに、下位の子どもには補習授業が必要になってきます。放課後の補習授業を行うような人的能力の余裕は現在の小・中・高等学校には見当たらないように思われます（参考文献1）。このような問題を解決する方法は第2章の4節や第3章の3節で述べたような習熟度別クラスの編成です。中国では、孔子が「因材施教」

という教育理念を持って「生徒それぞれの素質を考えて、異なった教育を行うこと」を唱えていたということです。ただ、それには、かなりの額の人件費の増額が必要であります。

筆者の一人畑田が、昔、博士研究員として1年間を過ごしたアメリカのマサチューセッツ大学に付属する小学校では、教育学部の大学院学生が教育実習を兼ねてサブティーチャーとしてエースティーチャーを補佐しており、英語の能力の低い筆者の子どもたちは随分お世話になりました。クラスのよくできる生徒が放課後に下位の生徒の面倒を見てはどうかと言う意見もありますが、これを同じクラスの生徒同士でやるのは人間関係の上であまり好ましくないようです。もし、この方法を実行するのなら、複数の生徒同士の話し合いの形式をとるか、あるいは上の学年のよくできる生徒の支援を受けるのがよいと思われます。このような教育的工夫は我が国でもいろいろな場面で可能でしょうが、いずれにしても、根本的には教育予算の増額が不可欠であります。学校教育と生涯教育の充実が国の将来を左右する重要な要因であることを、国民が十分に理解し、文部科学省予算の増額とその有効活用を政治に働きかけることを、教育関係者が声を上げる努力をするべき時であることは間違いありません。

クラスの全員が、例えば理科が得意というようなことは、習熟度別のクラス編成などの特別な配慮をしたクラス編成でなければあり得ません。このようなクラス編成が、教育の効果を上げるのに役に立つのは間違いありませんが、生徒たちがいろいろな意味の社会の実情を認識する機会を奪ってしまう可能性もあることには十分な配慮をする必要があると思います。

ここで、クラスの生徒の習熟度のバラツキに関して述べておかねばならないことがあります。

それは、どんな科目の授業でも、特定の主題について目標として設定されている達成度が異常に低くない限り、目標を達成できない生徒がかなり出てくるのはやむを得ないということです。このような生徒、言い換えればその科目が得意でない生徒の数をゼロにするのは、いかなる教師にも不可能であることを父兄や社会の人たちは理解して欲しいと思います。ただ、達成度の低い生徒に対しては、たとえ内容の詳しいことは分からなくても、そのことの根本原理とそれが実生活にいかに役立っているかまでは、ある程度理解できるような配慮をすることに、教師は努力して欲しいのです。それによって、授業のテーマを、自分はたとえ完全に理解できなくても、それを理解できた生徒たちはその学習成果を役立てて、例えばそれが理科の授業であれば、科学技術を通して日本の、そして世界の人々の幸せのために貢献してくれるであろうことを思い、そのような人たちを友に持つことを誇りと考えてくれるのではないでしょうか。そして、このような友のいることが、達成度の高い生徒にとっても、専門の道を歩むときの厳しい生活の心の支えになることは間違いないと思うのです。クラスのなかに、そして日本の社会に、ここで述べたような環境を築き上げることができれば、皆にとって大変幸せであると思うのです。生徒の少人数グループでの話し合いは、このような教育環境を作るのにも大いに役立つものと思っています。

なお、成績の中位から上の子どもは教師の助けがなくてもある程度は自分の力で学習できます。「学校教育で本当に努力せねばならないのは、下位の子どもの動機づけである」という意見があります。ここは、いわゆる達成度とは無関係に教師の腕の見せ所であるとも言えます。

2節の(3)で述べるように、フランスでは、大学教育の段階で、将来いろいろな分野で国の要となる指導的な立場に立つと思われる人たちと企業や大学などで専門的な立場で働くと思われる人たちを別種の教育機関（それぞれグランゼコールとユニバーシティ）で教育するシステムが採用されています。これを、若者に対するある種の差別と捉える人もいるかもしれませんが、少なくとも、将来に後者の立場で社会のために働くはずの人たちの教育が疎かになるような心配のないシステムであるという点では注目すべきであると思います。もう一つ大事なことは、1節でも述べたのですが、フランスでは物事の根本原理を考える分野である哲学の教育が高等学校で行われているという事実です。すなわち、この国では、今存在する分野の物事の根本原理を考える教育は特にレベルの高い難しい教育とは考えられていないのです。フランス国民の大部分は物事の根本原理を考えるのはごく当たり前のことと理解しているのです。日本国民が最も見習うべきことだと思います。

このような問題は、分野が変わると、対処の方法が少しずつ変わってきます。たとえば、医学関連分野では、研究中心の人と患者の治療中心の人のどちらもが必要です。研究中心の人たちでも研究内容によっては患者のデータが必要になる場合があります。だからと言って、研究データの蒐集(しゅうしゅう)を目的として患者の診断をする医者ばかりが増えるのも困りものです。その上、医学研究者と医者は立場の重なる場合が多いので、問題がさらに複雑になります。医学研究者、医者、患者とその家族が互いに相手の立場をよく理解し、話し合って事を運ぶのが、医学の進歩にも役立つのだと思います。まさに、Win-Winの関係が医学の進歩にも必要なのです。

習熟度別クラス編成とは別の観点に立つ問題解決策として飛び級があります。学年の上がるのを、年齢によらずに、習熟度によって決める方法です。戦前は小学校や中学校でも飛び級が行われることがあったということですが、現在は、義務教育はもとより高等学校でも学年を一つ飛び越える飛び級は、あり得ないことのように思われています。飛び級の制度は、よくできる生徒に対する教育の機会の公平性、平等性を保つという意味で必要という意見もありますが、高等学校までで、カリキュラム上の全科目について一学年上の習熟度に達している生徒は滅多にいないのです。飛び級に類する方法による教育法の改善は大学で検討するのが適切なのではないでしょうか。大学では、飛び級の逆に、1年余分に在学して標準よりも多くの科目を履修し、多岐にわたる能力を身につけて卒業する方法もあります。この場合に、落第の烙印を押されることは滅多にないと思います。

中高一貫校の中学校では高校入試の心配がないので、入試のことを意識せずに、また、中学の教科書の内容にとらわれることなく、場合によっては高校レベルの話にまで踏み込んで、しっかりした根本原理の教育をすることができますし、その方が、本当に生徒たちの成長に繋がる教育になるという意見もあります。これに対して、学年や学校を超えたレベルの授業をすることは、文部科学省が好まないのではないかという懸念を示す人がいます。しかし、現在、文部科学省は授業科目の内容のレベルに関してはかなり柔軟な姿勢をとっているようで、例えば中学校学習指導要領第2章第3節数学の第3「指導計画の作成と内容の取扱い」の1.の(1)「第

2の各学年の目標の達成に支障のない範囲内で、当該学年の内容の一部を軽く取り扱い、それを後の学年で指導することができる。また、学年の目標を逸脱しない範囲内で、後の学年の内容の一部を加えて指導することもできる」という記載があります。さらに、高等学校学習指導要領解説理科編の8~11頁には、平成21年の指導要領の改訂で、小・中・高等学校を通じた理科の内容の構造化が図られ、小学校、中学校および基礎を付した名称の高校の科目について、「エネルギー」、「粒子」、「生命」、「地球」を柱とした授業内容の構成が行われたことが図で示されています。この図では、小学校や中学校の教師が、自身が教えている授業内容が上級学校の理科の内容にどのように繋がるのかを理解・考慮しつつ授業が行えるための配慮がなされていることは注目すべきことです。このような図は、次の⑵の②の最後の段落にその意見を引用したMA君のような生徒にも利用してもらうとよいと思います。

ここで述べたことに関連する、出前授業での経験を一つ述べておきたいと思います。それは、ある小学校の3年生に授業をしたときのことです。担任の先生に「生徒に、私の授業のノートをとらせてもらえませんか」と頼んでみたのです。先生は即座に、「3年生の生徒がノートをとるというのは、私が黒板に書いたものを写すことなので、先生の話を聞いて、それをノートに書くなどは、到底できません」と仰しゃいました。私はそんなことはないような気がしたので、無理にお願いをしてみました。確かにノートのとれない生徒もいましたが、約半数の生徒は、私の期待をはるかに上回るノートを作成していました。指導の先生が、先生の板書をきっちりと写し取ったノートを褒めるという話も聞きます。また、生徒に自力でノートをとることを求めて、かなりの生徒を困らせることにならないか、を心配するあまり、生徒に自力でノートをとらせることを躊躇する先生もおられるようです。でも、教育の世界には、ノートに限らず、もう少しできる生徒にはやらせてみるという寛容さがあってもいいのではないでしょうか。スポーツのように。

(2) 根本原理の教育を学生はどのように受け止めているか

ところで、根本原理の教育を議論する際に、それを生徒たちはどのように受け止めているかを知ることは極めて重要です。物事の根本原理を大事に考える教育を受けていることが明確な高校生3人（SG、OB、MAの3君）に、意見を聞いて見ました。

① 根本原理の教育は生徒の学習に役立つ

「過去の入試問題を解いてみて、たとえ答えが合っていても、その答えがどのようにして引き出されたか、答えの導出過程を根本から理解しているかどうかが大事なのである。それができていなければ、いくら答えが合っていても受験を突破する力がついたことにはならない」と中学校の教師からやかましく言われていたSG君は、自分が解けなかった問題は、先ず答えを見るのではなくて、参考書の解説をよく読んで、初めから自分で解いてみるという努力をしたそうです。そうすると得点も上がってきた、ということです。国語では主人公の気持ちを読み取りなさいというような、自分がその立場におかれてみないと分からないような問題が多いのだが、そういうところもなぜそういう気持ちになるのかというふうに考えていくと良い答えが書けるので、物事を根本から考えるということは、試験問題を解くうえでも非常に大切なことだと思っているそうです。彼は今高校1年生なので、化学の授業では、化学基礎を受けています。これをしっかりとやって、ある程度の化学の情報を頭の中に蓄積しておかないと、来年のグレードアップした化学の授業についていけなくなっては困ると思い、家に帰ってからノートの復習もして、来年の化学の授業で興味を授業全般に持てるように努力しているそうです。単にノートをきっちりと書いているだけでは、その内容が役に立つ情報・知識として頭に残らないし、なぜこうなのかという発想も広がらないということを、高校受験の時に経験したからです。ところが、学校の先生は、意外に、先生の板書をきっちりと書いているだけのノートを褒めることがあります。でも、それならば、先生の板書の写真を撮るのが一番良いことになりかねません。授業で詳細なノートをとると、それに時間を取られて授業の内容を理解しにくくなるので、後で復習するときに授業の内容を思い出すことができる程度のキーワードだけをメモするのがよいという意見もあります。ノートに限りませんが、この勉強は、あるいはこの勉学的操作は何のためにしているのかということを生徒に理解させるのは、教育の根本原理の一つだと思います。

「歴史のいろいろな出来事も、ただ、この年にこういうことが起きたということを覚えるだけではなくて、なぜそうなったのか、その出来事に関連した人達の相互の関係はどうで、それがどのようにして歴史的事件に発展していったのかを、たとえそれが授業には出てこなかったことであっても、自分で調べて考えることで、その出来事の本質が見えてきて、理解が深まるし、そのことの歴史的意義がはっきりと分かってくる」というのは、ＯＢ君です。このような、物事の根本をできるだけ覗くようにするという勉強の習慣を小さいころからつけておくと、いろいろな知識も自然と身につくし、それを日常のものを考える時に役立てやすくなるように思う、というのです。化学でも、冒頭で述べたように、原子と分子の概念をしっかりと把握したうえで、それらの性質をよく考えて問題を解くようにすれば、丸暗記をしなければならないことが少なくなって、勉強時間が効率的に使えるし、自分の思考力も上がってくると思うという話でした。「化学反応式を全て丸暗記していたら大変だ。なぜ反応がこんな風に進むのかを常に考えておれば、反応式の丸暗記などほとんど必要ない」という化学の先生の言葉が、根本原理の学習を続けていくと納得できるようになるというのです。「もし私が将来、先生になるようなことがあれば、生徒にこんなことを伝えられる先生になりたいと思っています。自分の周りを見ても、無理やり頭に詰め込んでいる人が結構いるので、豊中ロータリークラブの教育フォーラムのような話し合いの場をもっと広げることができれば、有難いなと思っています」という彼の言葉は、根本原理の教育を行う教師を大いに力づけるものです。

生徒の親が、「そんな難しいことを言わずに、どのようにしたら入試問題が解けるかを教えて欲しい」というふうに述べて、根本原理の教育に理解を示さず、先生も親の反発を恐れて、強力に推し進めることができないという類いの話はよく聞きます。根本原理の教育を否定する人はほとんどいませんが、それよりも先ず入試に通る教育をして欲しいという声はかなり根強いのです。これを本当にやろうとするのなら、根本原理を考える能力を判断できる入学試験に変えなければならない、という意見が出てくるほどです。教師としては、職業上でも、日常生活上でも、日本の社会に物事の根本を考えることの習慣が根づく努力を地味に続けるしかありません。そんな中で、前述の二人の高校生の言葉は、教師にとっても、然るべき市民にとっても、本当に心強い限りです。

② 根本原理の教育を通して科目間の繋がりを知る —これこそが学校教育の根本原理

根本原理は、あらゆる分野の物事を支え、横串のように分野間を貫くものです。根本原理の教育を行う教師は自己の専門だけではなく、できるだけ広い範囲の知識と経験を積む必要があります。そうでないと、例えば分子を教えるにしても、「分子とは原子で構成されるもの」というような丸暗記を生徒にさせることはできても、広い範囲の化学物質に通じる概念としての分子を教えることは不可能に近いとも言えます。このような点について、中学校学習指導要領第3章道徳の第3「指導計画の作成と内容の取扱い」の1.の(2)には、「道徳の時間の年間指導計画の作成に当たっては、道徳教育の全体計画に基づき、各教科、総合的な学習の時間及び特別活動との関連を考慮しながら、計画的、発展的に授業がなされるよう工夫すること」という記述があり、これを受けて同指導要領の第2章第3節数学の第3「指導計画の作成と内容の取扱い」の1.の(3)には「道徳の時間などとの関連を考慮しながら、第3章道徳の第2に示す内容について、数学科の特質に応じて適切な指導をすること」が述べられています。さらに、小学校、中学校および高等学校それぞれの学習指導要領第1章総則第1「教育課程編成の一般方針」の２には「学校における道徳教育は、道徳の時間を要として学校の教育活動全体を通じて行うものであり、道徳の時間はもとより、各教科、総合的な学習の時間及び特別活動のそれぞれの特質に応じて、生徒の発達の段階を考慮して、適切な指導を行わなければならない」と記されています。

これらの学習指導要領の記述は、道徳の授業の特質を強調する形とはいえ、学科間の相互関係に配慮した授業と学習の必要性を述べたものと理解できます。もう少し「道徳」側に立った言い方をすれば、道徳はどの授業にも共通する根本原理であると言っていることになります。これは決して言い過ぎではないと思います。なぜなら、道徳とは自分の行動をいかになすべきかを想像力を駆使して考え判断する態度、習慣、人の道なのですから（２章２節参照）。

このことに関係して、紹介しておきたいのは、高校生の一人ＭＡ君の「中学生のころから理科が好きで、特に生物や人の体のことを勉強していると、家庭科の内容と繋がるようなところが出てくる。私はそういう科目間の繋がりを大事にしながら勉強している。そうすることで、ある特定の授業の内容を理解するためのヒントを別の科目の中から掴み取ることができたりして、勉強がしやすくなる。今習っていることの先に出てくると思われる授業の内容がある程度予測できて、自分で先に調べることもある。そのようにしている中で、出てきた疑問を自分で調べたりしていると、力がついていくことが自分でもわかる。受験のときには、大抵の生徒は教科ごとの勉強に集中してしまうのであるが、このように科目間の繋がりを大事にすることで、どうしても必要な丸暗記もしやすくなるように私は思う」という言葉です。これを注意深く読んでみると、学校教育での学習の根本が分かっていて初めて言えることのように思えてきます。学校教育は一つの場所でいろいろな科目の授業を多くの友達と一緒に受ける場でありま す。多くの分野間のいろいろな相互作用をごく自然に意識しつつ学習することができる場なのです。教える側の教師はともかく、授業を受けて学習する側の生徒は、努力を強いられることもなく、自然に物事の根本原理を考える習慣を身につけることのできる環境に置かれているのではないでしょうか。例えば、人体の働きを、生物の授業では生命現象としてとらえ、家庭科の授業では料理の作り方に関連づけて捉えられるかもしれません。でも、両分野とも命のメカニズムあるいは人体の細胞の協奏的活動に関わる問題としてとらえられていることは間違いありません。物事の根本原理には分野が違っても共通するものがあるし、根本原理には異分野を繋ぐ力があるとも言えます。複数の分野の根本原理をよく理解しておけば、いろいろな分野の学習・理解がしやすくなるということです。根本原理の教育は、教師がきっかけづくりの努力をするだけで、案外容易に軌道に乗るのかもしれないというのは希望的観測でしょうか。

(3) フランスのグランゼコールとユニバーシティ

フランスには、2節の(1)で少し述べたように、グランゼコールというエリートが行く大学とユニバーシティと呼ばれる総合大学があります。前者は根本原理の教育、物事の根本原理を考える力の養成を行って国の要となる人材を育てていく役割を果たしています（参考文献2）。

それに対して、後者は、企業や大学などで専門的な仕事につく人の教育を行っています。つまり、フランス社会のリーダーになる指導層の人たちを育てるような教育機関と、社会の専門職の一人として働くような人たちを育てる大学の二つに分けて教育を行うという、人材養成の方法を伝統的に採用してきたわけです。日本に比べれば保守的な方法と言えないことはありませんが、高等教育の効率化と、いわゆる専門職の人たちの教育がおろそかにならないという点で優れた方法です。しかし、専門職になる人たちには根本原理の教育のような、落ち着いて物事を考える教育は不要であるという訳ではありません。むしろ、専門職として機能する人たちの一人一人が仕事の根本原理をよく理解していてこそ、社会全体が事故なく迅速に動くシステムとして機能するはずなのです。一方、グランゼコールでは、然るべき人であれば既によく理解しているはずの分野に関わる根本原理の教育はもちろんのこと、未来に創出されるかも知れない新しい分野の根本原理に関わる教育が行われなければなりません。言い方を変えれば、既存の価値を学ばせるだけの教育ではなく、その学習を通して新しい価値を創出する力を養わせる教育であります。日本では、高等学校に倫理の科目はあっても哲学の科目はありませんが、フランスでは、2節の(1)に述べたように、高等学校で哲学の授業も行われています。

(4) 学校教育における教室の役割

ここでは、教育環境の大事な一つである教室の役割について述べます。少なくとも、小学校から高等学校では、教室は生徒にとって、自分の家と同様に非常に大事な生活の場であります。生徒たちは、そこを一生懸命掃除し、環境整備に努めます。教室をはじめとする学校の建築やキャンパスも文化伝承の場であることは間違いありません。ところが、最近の日本の学校教育ではこのようなことにはほとんど配慮がなされていないように見受けられます。日本の古い大学を他国のそれと比較してみても、このことは明らかです。数百年の歴史に囲まれた教場での授業と、学校経営を目的として収容人員の確保と情報機器などの機能を取り入れることのみを考慮して作られた、大規模な箱のような教室での授業とでは、おのずと教育の効果が違うはずです。また、最も歴史を重んじなければならない大学において、博物館や美術館もなく、各分野史の講座すら存在しないという大学がかなりあるように思います。そんな中で、例えば、奈良女子大学では重要文化財旧本館の中で授業や学会が行われています。文化財がキャンパスの中で力強く生き続けているのです。この大学の卒業生が社会で際立った活躍をしていることと無関係ではないように思えてきます。また、大阪大学の豊中キャンパスには、総合学術博物館と大阪大学会館の二つの登録文化財があり、学生たちは少なくとも入学後の1年間そこで行われる授業や講演会を聞いたり、展示を通して歴史を学んだりしています。これが彼らの将来にどのような影響を与えているのか、静かに見守っていきたいと思います。

このように、教室は子どもたちにとって家と同様の建物なのです。英国の宰相チャーチルは「人は家をつくり、家は人をつくる」と言い、また、陶工、加藤唐九郎は「文化を語る人は素養として建築を学ばねばならない」と言ったということです（参考文献3）。人は自らを取り巻く様々な環境条件の中で体得した知識、技術、文化・風習などを基にして、いろいろな工夫をしながらその土地や時代に即した家を作り上げてきました。したがって、建築は作られた時から独自の文化を担っているのです。それを使用しそこに住まう人達は、その建築に文化を感じつつ、さらに、異なる、あるいは、新しい文化をつけ加えていきます。使用する人の必要性、考えや工夫によって加えられた大小の改造や使用している家具もまた文化を担う家の一部であります。住宅においては柱やふすまの瑕（きず）や落書きさえもその住宅で生活してきた人々の歴史の証です。家は住まいし、生活するところであると同時に、人間の歴史を学ぶ最も身近な教材でもあるのです。教室という建物も例外ではありません。新しい教室が、最初はコンピューターの置き場としての機能しかなかったとしても、しばらくすれば子どもたちの家に変わっていきます。新しい教室にその力を持たせるのは、そこに住まう教師と子どもたちなのです。教育の主たる目的の一つが文化の伝承であるならば、歴史の学習が重要であることは間違いありません。家はまさに歴史・文化を学び、それを伝承・発展させるための教材であり、限りある人の命を超えて文化を伝承する力、すなわち住育の力を持っているのです（参考文献４、５）。子どもたちの教育に、彼らの学びの家すなわち教室と住まいの家の両方の住育の力を最大限に活用しようではありませんか。

3　鶴亀算を通して教育を考える

(1)　鶴亀算と科学的思考

「小学校ではいわゆる鶴亀算をなぜあんなに分かりにくい方法で教えるのか」は、大抵の人が一度は抱く疑問ではないでしょうか。「理由が分からないのでとにかく解法を丸暗記したが、中学校に入ったら方程式を使えば簡単に解けることが分かり、高校ではそのようなことがいくつも出てきて、今は数学がとても楽しい。この問題は母親にも聞いて見たが、『年齢相応の教え方があるのだ』と言われてしまい、納得できなかった。これは私の心の中に長い間わだかまっていたのですが、今は、何となく、母に言われた年齢相応の勉強というのも一理あるのかなとも思うし、文部科学省の授業時間数や教科内容の範囲などについての縛りが原因なのかなとも思っています」というのはある高校生の意見です。著者の一人畑田も鶴亀算の解法に関しては彼と全く同じように感じたことを告白しておきます。中学校で鶴亀算を方程式で解いて嬉しかったのは今も鮮明に覚えています。ただ、文部科学省が小学校で鶴亀算の解法として方程式による方法を教えてはならないというような縛りをかけているということは前記2節の(1)の中学校学習指導要領の記述から推してなさそうです。

中高一貫校の教師によると、中学校の物理の授業で高校レベルの内容まで踏み込んだ時に、それまで物体の質量10kgと言っていたのを質量mというだけで分からなくなる生徒がいる、ということです。もしそうであれば、「鶴と亀が合わせて9匹いる。足の数が全部で30本であれば、鶴と亀の数はそれぞれ何匹ずつか」という問題を小学生に解かせるときに、いきなり、鶴の数をx、亀の数をyとすると、と言って方程式を立てる方が、従来の小学校での鶴亀算の解法よりは分かりやすいと思うのは、あのややこしい小学校での鶴亀算を経験したからこそ、とも言えるのかもしれません。中学校で鶴亀算の問題を方程式で解いて味わうあの感激は、小学校での鶴亀算の授業なしには味わうことができないのです。具体的な数値を示さずに、未知数xと、未知数yがあるというような表現は、平均的な小学生にとっては、あまりにも高レベルなものの考え方で、理解できない生徒が多いのではないでしょうか。これが、俗にいう「年齢相応の考え方がある」ということなのです。

前記の問題を鶴亀算で解くと、こんなふうになります。9匹が全て鶴とすると、足の数は18本となって、問題の足の数とは12本の差が出ます。この差は鶴の数と亀の数を一つ交換すると2縮まるので、12本の差は6回の交換で解消します。つまり、問題の答えは、鶴が9－6＝3匹で、亀は6匹です。この方法は、一見、ややこしく、小学生には分かりにくいので丸暗記を強いる解法のように見えるのですが、よく考えればすぐわかるように、先ず仮説を立ててそれを実行し、その結果を問題の設定条件と比較し、合わなければ仮説を少し変更して再検討することを繰り返して、正解にいたるという方法で、科学の世界の根本の力である想像力の働かせ方の練習問題とも言えるものです。小学校上級生に、算数の本質を通して、年齢相応のやり方で科学的手法の本質を学ばせる機会なのです。でも、これを、鶴亀算と格闘している小学生に自身で気づかせるのは少し無理かもしれません。例えば、「足の数は鶴が2本、亀が4本です。9匹が全て鶴とすると、足の数は2×9＝18本となって、実際の足の数に12本足りません。鶴の1匹を亀に変えると足の数は2×8＋4×1＝20本となって2本増えます。亀を2匹にすると足の数は2×7＋4×2＝22本となって4本増えます。それならば、亀を6匹にすれば2×3＋4×6＝30本になって足の数は実際の数と一致するというのは想像できるはずです」と教えれば少しは分かり易くならないでしょうか。一度考えてみて下さい。

小学生に限りませんが、物事の定義をしっかりと把握させることは、物事の本質を学ばせることに繋がります。例えば、帯分数$1\frac{1}{4}$は1と$\frac{1}{4}$の和、すなわち、1.25のことです。これが、はっきり分かっておれば、電卓なしに特定の数字を1.25倍するには、その数字にその$\frac{1}{4}$を足せばよいことになります。また、特定の数字を1.25で割るのであれば、その数字を$\frac{4}{5}$倍、すなわち0.8倍すればよいことになり、暗算でできる仕事です。このような算数の本質は、よくできる子どもは自分で会得するのですが、授業中に教師が上手に指導しておくと子どもたちが物事の本質、根本原理を学び取る力をつけやすくなるような気がするのですが、いかでしょうか。

ただ、これはあくまでも一般論であって、小学生の全てが、方程式が理解できないわけではありません。終戦の時、小学校5年生であった筆者の一人畑田は復員してこられた若くて理数科に強い先生に、理科と数学を学ぶことへの興味を引き出して頂きました。先生が宿直の時に、夜、学校に遊びに行って授業よりは随分レベルの高いことを教えてもらうこともありました。

当時の小学校や中学校は能力のある子どもは、自分で、あるいは、誰かの助けを借りて、力を延ばしていけるような環境になっていました。他の生徒たちも、そういう能力の高い生徒への個別指導を、ごく自然に受け入れていましたし、能力の非常に高い子どもが自分たちの仲間にいることを誇りとし、自分たちも何かの形でよくできる子どもを支援してやりたいと思うような雰囲気がありました。このような環境はスポーツの分野だけではなく教育のあらゆる分野に残しておきたいと思います。そのための教育的配慮と工夫を関係者にお願いしたいところです。このような教育的配慮と工夫が何らかの点で不登校問題の解決にも役立つことがあるのではないかと思っています。

(2) 鶴亀算と文化芸術立国

今ひとつ、鶴亀算に関して見落としてはならないことがあります。それは、鶴亀算は日本の大事な文化だということです。戦前から今にいたる本当に長い間、あの一見分かりにくく思える鶴亀算が生き続けてきたのは、それが日本の文化であるからだと思うのです。算数の授業を通して小学生に伝えられてきた、そして鶴亀算と、名前を聞いただけで子ども時代を懐かしく、暖かく思い出す日本の文化なのです。これだけコンピューターの進歩した時代にありながら、そろばんの授業が残されているのも、そろばんが日本の重要な文化財の一つだからに他なりません。教育基本法の前文「我々日本国民は、たゆまぬ努力によって築いてきた民主的で文化的な国家を更に発展させるとともに、世界の平和と人類の福祉の向上に貢献することを願うものである。我々は、この理想を実現するため、個人の尊厳を重んじ、真理と正義を希求し、公共の精神を尊び、豊かな人間性と創造性を備えた人間の育成を期するとともに、伝統を継承し、新しい文化の創造を目指す教育を推進する」を思い起こして下さい。音楽の授業も、当然のことながら、歌を覚え、楽譜を読む力をつけるためにのみあるわけではありません。小学生が「赤とんぼ」の文化を楽しんでいるのは、見ているだけでも楽しいではありませんか。

ここで一言つけ加えておかねばならないことは、我が国の重要な目標の一つは「文化芸術立国」であるということです。平成13年、文化芸術に関する活動を行う人々の自主的な活動を推進することを基本としながら、文化芸術振興に関する施策の総合的な推進を図り、心豊かな国民生活と活力ある社会の実現に貢献することを目的として、文化芸術振興基本法が制定されました。政府はこの法に基づいて文化芸術振興に関する施策の総合的な推進を図るため、「文化芸術の振興に関する基本的な方針」を平成14年12月に閣議決定し、この方針に基づいて「文化芸術立国」を国の目標として文化芸術の振興に取り組むことになったのです（平成23年度文部科学白書・第2部文教科学技術施策の動向と展開・第7章文化芸術立国の実現　http://www.mext.go.jp/b_menu/hakusho/html/hpab201201/1324356.htm）。ここで最も大事なことは科学技術も含めた文化と芸術を基礎とする日本を作ることの意味と意義を国民がよく理解・認識することです。この目的の達成もまた、教育によるしかないのです。文化芸術立国に対する教育的努力は、小学校高学年ぐらいからの学校教育のみならず、生涯・社会教育においてもなされなければならないと思います。

小学校算数の鶴亀算の解き方の考察を通して、いろいろなことを学びました。「物事を解決するにはいろいろな道がある。むやみに険しい道もあれば、楽々と目的に到達できる道もある。生徒がどれを選ぶか、あるいは教師が生徒にどれを選ばせるかというのも教育の大事な点の一つである」という意見もあるでしょうが、最終的には鶴亀算は日本の文化であり、それを小学校で教え学ばせるのは、科学の根本的な考え方、仕事の進め方を小学校上級の生徒たちに少しでも理解してもらおうという教育的配慮の現れであるという考えに落ち着きました。もしそれが正しければ、鶴亀算を学ぶ目的を小学生が少しでも理解できるような糸口を教師が生徒に与えることができれば、学習の効果も大きくなることは間違いありません。それを、教師の立場からではなく、学ぶ生徒の立場に立って行うことができればよいなと思います（3節の(1)参照）。それが本当の教育奉仕です。そしてその教育奉仕を受けた生徒たちが、やがては、その成果をもって社会に奉仕し、また一部の生徒は教師として教育奉仕をするという循環が成り立てば、教育は確実に文化の創造に向かって進んで行けると思います。

4 入学試験と大学における学生教育

(1) 大学入試と大学教育

小・中・高等学校の教育指導や評価の方法はつまるところ大学入試の方法で決まってしまうというのは、かなり現実味を帯びた意見です。現在の入試センター試験は、知識の記憶を頼りにして、入試センター試験用の技術を駆使して時間と勝負するタイプの試験、この試験で、問題をじっくり考えて解く能力を試すのは無理のように思われます。大学独自の試験で、記憶だけでパパッと解けるのではなくて、考えないとできない問題を出すと、あとで、高校の先生から、高校での履修範囲を超えた難しすぎる問題というクレームの来ることが多いそうです。これは、高校の先生の「考える教育」に対する理解不足によるものではなく、社会全体の「考える教育」の必要性と教育の未来に対する理解度の低さに押されたやむを得ない発言と受け止めざるを得ません。したがって、大学が一般社会人におもねることなく、入学試験の根本原理、すなわち本来のあるべき姿を社会に公言し、実行すれば、高校以下の教育もそれに合わせて変わるはずなのですが、それが未だ実行できていないというのが実情のようです。しかし、平成23年度−平成27年度大阪大学理学部長の篠原厚氏は「大阪大学理学部はサイエンスに対して本当に興味があって、物事をじっくり考える力を持った人が入学してくるためにはどういう入試がよいかを一生懸命考えています」と発言しておられます。そして、高等学校学習指導要領の第1章総則第1款教育課程編成の一般方針の1には「学校の教育活動を進めるに当たっては、各学校において、生徒に生きる力をはぐくむことを目指し、創意工夫を生かした特色ある教育活動を展開する中で、基礎的・基本的な知識及び技能を確実に習得させ、これらを活用して課題を解決するために必要な思考力、判断力、表現力その他の能力をはぐくむとともに、主体的に学習に取り組む態度を養い、個性を生かす教育の充実に努めなければならない。その際、生徒の発達の段階を考慮して、生徒の言語活動を充実するとともに、家庭との連携を図りながら、生徒の学習習慣が確立するよう配慮しなければならない」と書かれています（この総則の文言は小学校及び中学校の学習指導要領においても同様です）。この学習指導要領の文言は前述の1節にも引用したところですが、根本原理の教育を支持するとともに、大学入試に考えないと解けない問題を出すことを推奨していると言っても言い過ぎではないように思います。そして、前記の大阪大学理学部長の発言を全面的に支援するものでもあります。

大学入試は、もちろん、それに合格した学生が入学後の大学の授業に適応できるだけの知識、知的経験、思考力、判断力を有しているかどうかを判断できるものでなければなりません。新制大学が始まって以来、永遠の課題と言ってもいいほどいろいろと入試問題・方法の議論がなされ、少しずつ変革されてきました。それぞれの大学はいかにして自分たちの大学に適した優秀な学生を採るかに心を砕き、そのためだけかどうかは別として、入試問題はどうしても難しいものとなります。それで、入試のあと、教員側はあれだけの努力をして入学してきた学生だから入学後は喜び勇んで大学での学習に励むであろうと考え、あるいは勉学は学生の本分であることぐらいは言わなくても分かっているであろうと考えて、大学生を立派な社会人に育て上げる教育の方法の解明にあまり真剣に取り組まなかったきらいがあります。一方、学生のかなりの者は教師の期待とは裏腹に、入試の時にあんなにしんどい目をしたのだから、入学後はしばらくゆっくりとしたいというような気分になり、入試勉強のような強制力が働かないのをよいことに、真剣な勉学とはかけ離れた生活を、入学後数か月ならともかく、数年間も続けてしまうというような傾向が見られました。今、大学で改善しなければならないのは、入試の方法もさることながら、大学内の教育方法の改善とそれに対する全学的な合意と教師の努力ではないでしょうか。ただ一回の入試で人の将来が決まる、あるいは決めるというのも妙な話です。大学入学後しばらくして自分は選んだ道に能力がないことを発見することもあるでしょう。あるいは、他の道にもっと大きな力を持っていることを見出すこともあるかもしれません。大学とはそういうことができる場所・環境でもあります。特に、総合大学であれば、相談相手になってくれる教官・学生は努力をすればいくらでも見つかります。大学とは、進路変更に限らず、多岐にわたる分野の問題を比較的容易に話し合える素晴らしい環境なのです。学生はこの大学という環境を精一杯活用して欲しいし、教官もそれを指導・助言して欲しいと思うのです。それから、進む方向を誤ったわけではないが、例えば、大阪大学のレベルでの学習は到底不可能という学生も必ず少数現れます。そのような学生の進路についての指導・支援も十分にお願いしたいと思います。

ただ、ここで問題となることが三つあります。一つは、教官が大学の教育評価の規準の一つである「入学した学生の大部分を卒業させているか」に捉われて、進路変更の助言をためらうことがないかという懸念です。二つ目は、進路変更によって、当該学生が奨学金や授業料免除などの制度が適用外になってしまう問題をどう解決するかです。これらの問題の解決に関しては、大学側で知恵を絞ってほしいと思います。三つ目は、これは非常に重要なことなのですが、社会の人たちが、大学生の先に述べたような在学中の進路変更に対して落第の烙印を押すような見方をしないで欲しいということです。人生の中での進路変更は、在学中であろうがなかろうが、よくあることの一つなのです。

この様な学生の個別の生活指導は、学生全体を対象とする授業やクラブ活動の指導などとともに重要な教育活動であります。学部4年生と大学院学生の生活指導は、所属研究室の教官によって、個別に丁寧に行なうことができますが、学部1~3年生の学生の個別生活指導を担当する教官は一人でかなり多くの学生を担当することになります。学生個人の生活指導に割いた時間は就寝時間を短縮して埋め合わせねばならないということになりかねないのです。事情は高等学校以下の学校でも同じであると思います。このような状況をいかにして打開するかは、学生・生徒の父兄をはじめとする社会全体の問題です。学生・生徒の父兄も自分たちの子どもの教育を通して、日本そして世界の教育を考えるという広い立場に立って、教育現場の問題解決に当たって欲しいと思います。

さらに言えば、このような教育現場の非常識に厳しい労働条件の改善は、2節でも述べたように、教員・教官の増員のための予算の増額によるしかありません。文部科学省の平成27年度予算が約5・5兆円、文化庁予算にいたっては僅か1、000億円という状況の打開は国民の総意によるしかないことを我々は肝に銘ずべきであります。

(2) 大学における双方向授業のすすめ

双方向授業の基本的問題については第1章ならびに第2章で詳しく述べました。ここでは、大学に関連する双方向授業の問題について、簡単に触れてみたいと思います。中国から来た大学院修士課程への留学生が大学の授業についてこんなことを言っています。「日本人の先生の授業は、例えば、教科書を学生に少しずつ読んで翻訳させるだけというような活気のないあまり面白くないものが多い。試しに、イギリス人の先生の授業を受けてみたら、学生からの質問や意見が多く出るだけではなく、学生同士の討論も活発で、活気のある楽しい雰囲気のものであった。それで、前述の日本人の先生の授業で質問してみたら、あまりまともに取り合ってもらえなかった」というのです。

実は、筆者の一人畑田が大阪大学に入学して教養課程で受けた授業、特に文科系の授業の大部分はこのようなものでした。ただ、この中国からの留学生の話は、爾来(じらい)、50年以上を経て、しかも大学院の修士課程における話だということに留意しなければなりません。筆者畑田は大学の助教授になって講義を受け持つようになってからは、講義が筆者と学生の間の双方向的なものになるように努力をしたことは、第2章の8節に述べた通りです。学生からは授業中に居眠りなどのできない厳しい授業と嫌がられていたようですが、卒業後何年かしてから、「先生の授業のお蔭で今大変助かっています」というような卒業生の言葉を聞くようになりました。ただ、筆者自身は日本の大学の授業の活気のなさの責任の一端は学生にもあると思っています。学生は教師に促されなくても、自発的に質問もし、意見も言って欲しいのです。そういう意味では、前述の1節に述べたスティーブン・R．コヴィーの著書「7つの習慣」は大学生には是非とも読んで欲しいと思っています。前述の留学生には、もう少し勇気を出して授業改革の努力をして欲しいと頼んでおきました。

もっとも、このようなことは日本の大学生というよりは、日本の社会の問題なのです。理屈を言ったり、根本原理の話をしたりすると、すぐに、「そんな難しい話はするな。周りが丸く収まっていればそれでいいのだから」と言われることが多いのが実情です。日本の教育は物事を論理的に考え、他と議論し、判断する能力の養成を忘れてきました。その結果、日本の日常生活あるいは社会では実用と応用が幅を利かせ、基礎がほとんど無視されているのです。思考力・論理性・判断力の裏打ちのない実用・応用ほど危険なものはありません。（第6章の4節参照）

豊中市内の小学校、中学校での出前授業では双方向授業が普通に成り立ちます。ただ、別の都市での中学生相手の授業で、最初は、あまり双方向授業がうまく進められないことがありました。でも、2時間の授業のなかで、1時間ぐらい経ったあたりから、双方向的な授業が行えるようになりました。問題は、地域による違いではなく、教師が双方向授業の努力をしているかどうかです。それと、もう一つ大事なことは、その日の双方向授業の成果あるいは討論のまとめを授業の最後に教師が行うことです。これが適切に行われているかで、双方向授業の成果はかなり変わってくるように思います。このような事情は大学の授業でも全く同じだと思っています。

高等学校でも、低学年では双方向授業が成り立ちますが、高学年になるとそれが難しいことがあります。原因は大学入試です。必要なことは全て教えておかなければ入試に差し支えるということになれば、授業を双方向的に行う余裕がなくなってしまうからです。授業中に生徒に活発に発言させるだけの時間の余裕がなくなってしまうのです。生徒同士が教師も含めて活発に議論する機会はきわめて少ないのが実情です。これでは、大学の先生方が高校の先生に考える習慣を身につけた生徒の育成を要求するのは酷な話ということになります。教員も生徒も、もっとリラックスして楽な気持ちで授業を活発に行えるような環境を作れないものでしょうか。高校と大学の教官がよく話し合わねばならない大事な問題です。それが本当の入試改革に繋がるのではないでしょうか。

5　納税の根本原理と道徳教育への展開

算数の授業で百分率（パーセント）をなかなか理解できなかった子どもが、10％大値引という掛け声にはすぐに正確に反応したというような話はよく聞きます。でも、ここで大事なのは、10％大値引に対する子どもの反応を百分率の根本理解に繋いでおくことを忘れてはならないということです。学校の授業の指導や評価の方法に実生活とのかかわり合いを持たせることが必要かつ有効であることは間違いありませんが、ただ、それだけでは、本章1節にも述べたように、面白い科学の実験が単なる科学手品に終わってしまうようなことが起こりかねないのです。そんな訳で、本節では、税金のお話しを道徳教育と結び付けて述べさせていただきます。

本章の1節で、例えば社会の授業での根本原理教育のきっかけのつもりで、単なる義務感だけではなくて、世の中の全ての人たちの努力に感謝し、助け合いの精神をもって税金を納めることのできる地域社会、日本、そして世界の創成すなわち中国の成語「飲水思源」の世界の創成を学ばせることとの重要性を述べました。ここでは、学校教育における税金の問題をもう少し深く考えてみたいと思います。

アダム・スミスが主著「国富論」の中で示した租税4原則というのがあります。第1は公平の原則、税金は各自の担税能力に応じて納めるべきだということ、第2は明確の原則、納税期日・方法・金額は明瞭かつ確実であるべきこと、第3は便宜の原則、税金は納税者が支払うのに最も便宜な時期と方法によって徴収すべきであること、第4は最小徴税費の原則、徴税・納税費用を最小にすべきこと、であります。納税者の立場に立って租税の根本原則を表す言葉です。

一方、税金は、無理やり取られるのではなくて、社会に役立つ喜びと誇りを持って進んで納めるものであるという気持ちの大切さを生徒に考えさせるのに、現代の租税3原則と呼ばれるものも役に立ちます。第1は公平性の原則、すなわち消費税のように経済力にかかわらず同じ税負担を求めるべき水平的公平と所得税のように経済力に応じた税負担を求めるべき垂直的公平の二つを含む公平性、第2は中立性の原則、すなわち市場メカニズムによって達成されている効率的でいずれにも偏らない資源配分を歪めることのない課税であること、そして、第3は簡素性の原則です。これは、自分が納めるべき税金が、誰でも自分で納得しながら簡単に自分で計算できる仕組みになっているということで、納税者の納税協力費と徴税者の徴税費の最小化にも繋がるものです（参考文献6）。税金の仕組みが平易・簡素でよく分かり、自分の税金がなぜこうなるのかを充分に納得していれば、気持ち良く喜んで納税することができるはずです。ただ、残念なことに、この簡素性の原則は、現在充足されているとはいいにくいのです。しかし、それであったとしても、税金についての学習は、それが社会科においてであろうが、総合的な学習や算数・数学であろうが、生徒に学習指導要領総則にいう生きる力を養わせ、根本原理の教育を行うきっかけとなる格好の教材であることは間違いありません。

税金について、もう一つ子どもたちに学んでおいて欲しいのは、税金の三つの機能です。先ず第1は、公共サービスの費用調達の機能です。例えば、平成27年度の日本の一般会計予算は96・3兆円、このうちの54・5兆円は税収で賄われています。第2は所得の再分配機能といわれるもので、担税能力を持つ人から徴収した税金を恵まれない人に対して補償（再分配）する機能です。第3は、景気調整機能といい、景気のいいときには増税をして過剰な資金をできるだけ減らして投資の抑制を図り、逆に、景気の悪いときには減税をして、景気の上昇を図るという機能です。なお、第2の機能である所得の再分配に関しては、1節で紹介したアメリカのケネディ大統領の演説に述べられているように、福祉受給している人たちの職業的社会復帰を図り、再分配額を可能な限り小さくすることが福祉国家のあるべき姿であることを忘れてはなりません。

重ねて言えば、税金のメカニズムの科学的・論理的な学習は、根本原理の教育を実社会の財政・経済の実際と関係づけることにより効果的・効率的に学ばせるものであることは間違いありません。税金が安いと大抵の人が喜びます。税金が高いと言って怒る人はいても喜ぶ人は大変少ないのです。しかしながら、いくら税金が高くても、それが適切な金額であれば、その税額に見合うだけの立派な仕事をして、人のお役に立てたことの喜びをもって納税の義務を果たすことができるはずです。そのような国民を育てるのが教育の役割だと思います。また、1年間働いた結果の所得計算を行った時、「これだけの収入を得ることができたのは周囲の人たちのおかげだ」という周囲への感謝の気持ちを持つのを忘れないことも大切です。2節の⑵の②で、学習指導要領の総則には、道徳の授業は他の授業との関連を考慮して行うべきこと、また道徳以外の授業は道徳との関連を考慮しつつ行うべきこと、が記されていることを述べました。税金についての科学的・論理的な学習は、「税金をごまかすのは道徳的でないよ」というようなレベルをはるかに超えた、素晴らしい道徳実践学習の教材として活用できるものなのです。これらのことを踏まえて、次の6節では、これからの学校教育における道徳教育について、詳しく考えてみたいと思います。

6　道徳教育を考える

中央教育審議会が2014年10月、「道徳教育の教科化」を下村文部科学相に答申し、現在は正式な教科ではない小・中学校の「道徳の時間」を、数値評価を行わない「特別の教科」に格上げし、検定教科書を導入し、学習指導要領を改定して、平成30年度からの教科化を目指すことになりました。本節では、学校教育における新しい道徳教育について、詳しく考察してみたいと思います。

(1)　道徳教育と教育基本法

道徳の授業が話題になると、1890年10月31日に修身・教育の規範として公表された教育勅語（教育ニ関スル勅語）に言及する人が、未だにかなりおられます。確かに、教育勅語に述べられている12の徳目「父母ニ孝ニ、兄弟ニ友ニ、夫婦相和シ、朋友相信シ、恭儉己レヲ持シ、博愛衆ニ及ホシ、學ヲ修メ業ヲ習ヒ、以テ智能ヲ啓發シ、德器ヲ成就シ、進テ公益ヲ廣メ世務ヲ開キ、常ニ國憲ヲ重シ國法ニ遵ヒ、一旦緩急アレハ義勇公ニ奉シ以テ天壤無窮ノ皇運ヲ扶翼スヘシ」（現在の言葉では、「親に孝養を尽くし、兄弟・姉妹は仲良くし、夫婦は互いに分を守り仲睦まじくし、友だちはお互いに信じ合い、自分の言動を慎み、広く全ての人に慈愛の手を差し伸べ、勉学に励み職業を身につけ、知識を養い才能を伸ばし、人格の向上に努め、広く世の人々や社会のためになる仕事に励み、法律や規則を守り社会の秩序に従い、国に危機があれば自発的に国のため力を尽くしそれにより永遠の皇国を支えましょう」となる）は子どもたちに道徳の授業を行う際に活用できる内容ではあります。教育勅語の道徳教育の教材としての活用を主張する人達は、教育勅語が１９３８年に国家総動員法が制定・施行されて教育勅語の本来の趣旨から離れて戦時体制を正当化する軍国主義の教典として利用されたということだけで、これを葬り去るのは、日本人の伝統ある素晴らしい国民性を失うに等しいというのです。民主主義の個人主義的側面だけが強調されたような事象が起こったり、経済面で大きな成長を遂げた日本の社会に金権主義がはびこり出したりしているのは、教育勅語の精神を忘れたからであるという主張です。この主張は、ある意味では正しいのかもしれません。日本は、「恭倹己レヲ持シ」すなわち言動を慎み謙虚で個人主義をあらわにしなくても生きていける国なのです。

では、なぜ、教育勅語は道徳の授業の中核に据えることが適切でないのでしょうか。その答えの一つは、教育勅語には国際的な視点が欠けているということです。教育基本法は第二条の五にこの点が示されています。いわく、「伝統と文化を尊重し、それらをはぐくんできた我が国と郷土を愛するとともに、他国を尊重し、国際社会の平和と発展に寄与する態度を養うこと」と。

でも、最も大事なことは、これからの道徳教育は既存の徳目を教えるだけで終わるものではないという点です。これからは、現在の人間が経験したことのない状況にも対処できる道徳的能力を持つ人間の養成が要求されるということです。今の日本で行われるべき道徳の授業の根本は3節の(2)で引用した教育基本法の前文に明確に示されています。以下に再掲します。「我々日本国民は、たゆまぬ努力によって築いてきた民主的で文化的な国家を更に発展させるとともに、世界の平和と人類の福祉の向上に貢献することを願うものである。我々は、この理想を実現するため、個人の尊厳を重んじ、真理と正義を希求し、公共の精神を尊び、豊かな人間性と創造性を備えた人間の育成を期するとともに、伝統を継承し、新しい文化の創造を目指す教育を推進する」。また、道徳の授業の実施に関しては、教育の目標について述べた同法第二条の一に「第二条　教育は、その目的を実現するため、学問の自由を尊重しつつ、次に掲げる目標を達成するよう行われるものとする。一　幅広い知識と教養を身に付け、真理を求める態度を養い、豊かな情操と道徳心を培うとともに、健やかな身体を養うこと」と記されています。この第二条の一は短い文章ではありますが、非常に大事なことを国民に求めているのです。なお、ここに使われている「幅広い知識と教養」という語の中「教養」は理解の難しい言葉です。「教養のある人は相手の理解できない話題は選ばない」などと言われることがありますが、どのような相手に対しても、その人が知っている話題を選ぶことができるためには、非常に広く深い知識と教育の成果を身につけていなければならないことは確かです。さらに深く考えれば、国民の全てがお互いに努力し協力し合って、可能な限り広い範囲のことの根本原理を身につけることを求められているとも考えられます。「自分にとって可能な限り広い範囲の根本原理を身につけること」、これが教養を深めることであり、根本原理の教育の目的なのです。

(2) 道徳的能力の根源の力は想像力

この本では、道徳的能力の基本は、人間が他の人々や動植物を含む自然環境に対して、どのような態度を取るべきかを適切に判断する能力であることを述べてきました。そのような判断を下すには、人以外の動植物やものとのコミュニケーションができなければなりません。人以外の動植物やものは人間の言葉をしゃべらないので、それらとのコミュニケーションは想像力に頼るしかありません。また、社会人として真っ当に生きていくためには、過去に学び、未来を予測することが必要です。そのためには、既に亡くなった人やこれから生まれてくるであろう人との想像力を駆使したコミュニケーションも要求されることになります。言葉による対話の可能な人との相互理解にも、想像力を働かさねばならないことがあります。さらに、自分以外の人や動植物を含む自然環境には、当然、自国以外の国について配慮しなければならないことも含まれています。このように考えれば、道徳的能力を発揮するための根源の力は想像力であるということになります。生きる力の根源は想像力であるともいえます。ところで、人間がいろいろなことを言い、あるいは、行うに当たって参照するべき判断の基準は、法律のように既に決まっている外部基準ではなく、各個人が自分の中に持っている内部基準、すなわち、自分の中のもう一人の自分とも言える人間が示す判断基準であります。したがって、この基準は各個人独自のもので、人により少しずつ異なるものではありますが、その違いがあまり大きいと、いろいろな意味で不都合が生じます。そのような事態を避けるためには、各個人の判断基準がある程度の一般性を持っていることが必要です。道徳の授業の目標は、そのような基準を一つに決めて教え込むのではなく、具体的な例を基に、判断基準の意義と必要性を学ばせ、生徒一人一人にとって独自でかつある程度の一般性を持つ基準を作り上げる力を養わせることであります。（参考文献7）

ロータリークラブの会員が、日常の言行の評価のために使用することを推奨されている質問形式の基準である「四つのテスト」（参考文献8）を、ここに判断基準の一例として示します。

〈四つのテスト〉

言行は以下のことに照らしてから行うべし

1. 真実かどうか
2. みんなに公平か
3. 好意と友情を深めるか
4. みんなのためになるかどうか

〈The Four-Way Test〉

Of the things we think, say or do

1. Is it the TRUTH?
2. Is it FAIR to all concerned?
3. Will it build GOOD WILL and BETTER FRIENDSHIP ?
4. Will it be BENEFICIAL to all concerned?

この四つのテストには、人間が社会で生きていくうえでの善悪の判断基準が、ロータリアンのみならず一般の人々にも理解できるような形で、簡潔かつ的確にまとめられていると思います。（参考文献9）まず、「真実かどうか」は「嘘偽りがないかどうか」というような単純な解釈はせずに、もう少し深く考えて、「物事の原理・原則、根本原理に適っているかどうか」と理解するのがよいと思います。「みんなに公平か」は、私的感情をあまり交えずに、偏りなく対処している、いわば、太陽のような存在か、という意味なので、「みんなに公正か」という方がよいのかもしれません。真実は、後で述べるように、時として信念の要素を含むことがあります。それが相手を困らせることがないような配慮も要るということを、「みんなに公平か」は言外ににじませているとも言えます。「好意と友情を深めるか」は、自分以外の人や動植物やものと付き合うときの、ごく自然で基本的な対処の仕方でありますが、ここではある程度の私的な感情が混ざるのはやむを得ません。大事なことは、それが他を排除するものであってはならないということです。道徳的な基準は、自分が何かを行うときの他への態度の規範ですが、それは当然、相手もそれに反応しやすく、何かを行いやすいための配慮を含んでいなければなりません。これが「みんなのためになるかどうか」であると考えられます。「好意と友情を深めるか」の判断で私的な感情が強く入り過ぎないように戒めているという解釈もできます。

ここで、四つのテストの起点である「真実かどうか」の「真実」について少し考えて見たいと思います。真実は、前にも述べたように、物事の根本原理、すなわち、互いに関連するいろいろな事実をうまく説明できる、あるいは、それらと合致する考え方であります。時の経過とともに多くの正確な事実が蓄積されると、それらに関わる真実も少しずつ深まっていきます。すなわち、真実は時代とともに深化していくのです。真実は、また、人によって異なることもあります。同じ事実を知ったとしても、その人の経験や洞察力によって、それらを統一して説明できる概念、すなわち抽出できる根本原理、真実が若干違うこともあり得ます。その意味で、真実はその人の信念、あるいは、確信の性格を持つこともあるのです。事実は、また、場所による偏りを示すこともあります。したがって、それに基づく真実も場所によって多少の違いが出てくることになります。真実は、それに関わる人、時代、場所とともにある種のゆらぎを示しつつ、次第に深まり、非常に長い時間をかけて唯一つのものに収斂（しゅうれん）していくといえます。自然科学の分野に例をとれば、「物はすべて分子という非常に小さい粒子からできている」という自然科学者でない人達でもよく知っている分子の概念も、それが提唱されたときから現在までの間に、多くの実験事実の積み重ねによって、非常に精緻なものとなりました。したがって、社会における行動の規範も、唯一つのものではなく、人、時代、場所とともにある種のゆらぎを示すものということになります。

四つのテストの基本は「真実かどうか」ですが、それが自己の信念のかたくなで偏狭な押しつけにならないように、短い言葉を上手に組み合わせ、互いに相補わせることによって、実に上手に、道徳的規範という、考えようによっては堅苦しいことを、やさしく、穏やかに述べています。四つのテストのそれぞれを個別のものとは考えずに、全体を一つに融合したものと捉えて、自分の言行の判断に活用して欲しいと思います。

ここで述べたようなことをよく理解したうえで、適切な事例を選んで、双方向授業あるいは小グループでの話し合いなどを活用した授業を重ねていけば、現在だけでなく未来にも役に立つ道徳的能力を開発できるとともに、全ての科目での道徳的能力の開発に繋ぐことができるものと思っています。

あるデパートで大量に売れ残ったレインコートを処分するのに広告主任が「当店には売れ残りで処分しなければならないレインコートがたくさんある。これらは、店晒しの品で、いたんだものも含まれているが、新品同様のものもある。格安の値段で提供させていただくので、是非ご来店いただきたい」という意味の広告を出したところ、レインコートは僅か30分で売り切れたという話を2680地区パストガバナー深川純一氏が講演で紹介し、これらの客は真実を買ったのだと述べておられます（職業奉仕のお話、国際ロータリー2660地区2006－2007年度職業奉仕委員会）広告を見て集まった客は、デパートが至急に処分しなければならなくなった理由と商品の品質を正確に述べた広告の内容の底に潜む「商品を廃棄処分してしまうのではなく、それを格安の値段で客に提供することで、デパートも客も幸せを共有しよう」という広告主の真実が読み取られたのだと思います。事実の全てを正確に伝えることで、相手にその根底にある真実を読み取っていただけるという好例です。もし、上記の広告文から『店晒しの品で、いたんだものも含まれている』という内容が抜け落ちていたとしても、その内容が事実でないとはいえません。しかし、それでは、内容の一部欠落がたとえ故意によるものでなくても、真実は伝わらないのです。また、これも深川氏の言ですが、自分の競争相手やその商品の欠点を広告に書き込むようなことは、例え、それが長所とともに書き込まれていて、その商品の事実の全てを記述するものであったとしても、真実を伝える広告とはいえません。競争相手を誹謗し、自分の利益のみを増大しようという意図が含まれている文章は真実を伝えているとはいえないからです。その上、このような表現は、FAIRとはいいがたく、好意と友情を深めるはずもなく、みんなのためになるとも思えないもので、四つのテストに反することは明らかです。

(3) 自然科学と謙虚さ

最後に述べておかねばならないことは、日本人の「謙虚」という生活態度は、当然のことながら、自然科学の研究者にとっても非常に大事だということです。ニュートン力学で計算すると誤差が大きくなる現象、例えば光速度に近い運動などはアインシュタインの一般相対性理論で正確に記述できるようになりました。しかしながら、この相対性理論もブラックホールや宇宙の始まりのような極限状態は記述できません。そのためには、マクロの世界を扱う相対性理論とミクロの世界を扱う量子力学とを融合させた理論が必要なのです。このようなことが達成されるには、今存在する考え方、理論あるいは自己の考えを主張するだけではなく、常にそれに疑問を持ち、他にもっと良いものがあるのではないか、と考え続ける姿勢、すなわち謙虚な生活態度が自然科学者にも求められるのです。次に記したニュートンの墓碑に刻まれた言葉は、そのことを美しい情景に重ねて見事に言い表しています。

"I don't know what I may appear to the world, but to myself I seem to have been only like a boy playing on the sea-shore, and diverting myself in now and then finding a smoother pebble or a prettier shell than ordinary, whilst the great ocean of truth lay all undiscovered before me." （世界のひとたちに、私がどのように見えるのか、私は知らない。しかし、私自身にとって、私は浜辺で遊ぶ少年のように思われる。私は、時々なめらかな小石やふつうより美しい貝殻を見つけては喜んでいる。しかし、真理の大海は、すべて未発見のまま私の前に横たわっている）。（参考文献10）ニュートンの言葉を借りるまでもなく、科学者・研究者に求められているのは、常に謙虚な姿勢で想像力を働かせて新しいものを追い求めることなのです。自然科学者が活動するための根底の力は、道徳的能力を発揮するための根底の力と全く同じ想像力なのです。その時までに持っている知識と経験をもとにして、実際に経験していないことをあれこれと推量する力です。第5章では、このような観点から道徳と科学を眺めてみました。ぜひ続けてお読みください。

※本稿は、2015年1月24日、大阪府豊中市のホテル アイボリーで開催された豊中ロータリークラブ主催の教育フォーラム「これからの日本の教育 ―物事の根本原理を考える力と習慣―」の録音記

録を基にして、下記のフォーラム参加者のうち畑田耕一、桝田定子、関谷洋子、戸部義人、北村公一、松山辰男の６名が作成した報告書　http://culture-h.jp/hatadake-katsuyo/FutureEducationInJapanFundamentalAspect.pdf を許可を得て一部改訂したものである。フォーラム出席者全員の氏名は左記の通りである。また、報告書ならびに本文の作成・編集に当たり兵庫県立豊岡高等学校渋谷　亘教諭から多くの貴重なご意見をいただいたことを記して謝意に代える。

フォーラム出席者の氏名は次のとおりです（**敬称略、順不同**）。

ＲＩ２６６０地区ガバナー　泉　博朗、畑田耕司、矢野富美子、服部敬弘、北本靖子、榎村博仁、和田義輝、矢木克典、岡本　博、尾野光男、塩田彩乃、椎木陸斗、森田道太郎、大櫃舞乃、酒井宗一朗、松本あさひ、久保田拡鑑、田坂恵美子、Luca Baiotti、Dong Haisong、Zang Tianyi、Afshin Haghparast、Leila Alipour、Chen Siyu、Arshida Alipour

以下は豊中ロータリークラブの会員：
桝田定子、清原久和、北村公一、木村正治、篠原　厚、松尾宗好、豊島了雄、戸部義人、宮田幹二、松山辰男、米田　真、真下　節、関谷洋子、丹羽権平、田中　守、佐川正治、大塚顕三、村司辰朗、澤木政光、児島義介、畑田耕一（司会）

※フォーラム開催当時、[1]畑田耕一は大阪大学名誉教授、[2]桝田定子は桝田定子税理士事務所代表、[3]関谷洋子は税理士事務所For You本町事務所社員、[4]戸部義人は大阪大学基礎工学部教授、[5]北村公一は北村皮膚科医院副院長、[6]松山辰男は大阪国際空港メディカルセンター所長

第5章

道徳と科学—その根底の力は想像力—

[1]畑田耕一、[2]林　義久、[3]渋谷　亘

最近、個人の道徳的能力や職業倫理を疑わざるを得ない事件の報道に接する機会が増えてきているように思います（参考文献1）。科学・技術が進歩し、それが日常社会の中に深く浸透しつつある今、科学・技術者を含む全ての市民に要求される道徳的能力についても、これまでとは異なる対応が必要になっています。1903年アンリ・ベクレル、マリー・キュリー、ピエール・キュリーの3人が、「アンリ・ベクレル教授が発見した放射現象に対する共同研究において、特筆すべきたぐいまれな功績をあげたこと」によりノーベル物理学賞を受賞したときの受賞記念講演で、マリーの夫ピエール・キュリーは「ラジウムは、がんの治療に役立つなどいろいろ有益な面がありますが、犯罪に使われれば極めて危険なものであります。私個人は、ノーベルが考えたように、人類は新しい発見によって、悪い面を克服して一層大きなものを生み出していく英知を持つと考えています」と述べています（参考文献2）。100年以上前に、科学・技術と人間のかかわりを道徳という面からとらえた鋭い指摘です。本稿では、科学と道徳の根底の力は、どちらも、持てる知識をもとに実際に経験していないことをあれこれと推量する力、すなわち、想像力であるという観点から、人間の道徳的能力を考えてみたいと思います。

1　科学の根底の力は想像力（創造は想像の集積）

1895年、ドイツのレントゲンが、低圧気体中での放電の研究中に、蛍光板を発光させせる放射線が出ていることを発見し、X線と名付けます（1901年第1回ノーベル物理学賞）。この発見から「蛍光物質からもX線が出ているのでは」と想像する科学者もいる中で、蛍光物質の研究をしていたフランスのベクレルは蛍光物質の一つであるウラン化合物を調べ、1896年に蛍光現象とは無関係に透過性の放射線がウランから出ていることを発見しました。ベクレルの発見に刺激され、1897年末に博士論文のテーマとして放射能を選んだマリー・キュリーは、純粋なウランよりもウラン鉱石からの放射線の量が多いことに注目し、放射線の量を定量的に測定する装置を開発した夫ピエール・キュリーの協力のもと、ウラン鉱石中に含まれることが想像される「強い放射線を出す微量の不純物」を化学的に分離することにより、1898年にポロニウム、ついでラジウムを発見したのです（参考文献3）。自然科学の世界では、知識とそれに基づく想像力の発揮が新しいものの発見と概念の創出に繋がるのです。

自然科学は、自然界に起こるいろいろな現象をよく観察し、そのメカニズムを明らかにする学問分野です。この分野でのものの考え方や仕事の仕方については第1章の1節で簡単にお話しましたが、ここであらためて少し詳しく考えてみたいと思います。科学者や技術者の使命は新しいものや技術・概念を創り出すことです。新しく物を創るとき、新しい概念を創り出すときにも、想像力が必要です。先ず、問題とする新しいものや概念を設定し、それまでの知識、手法、概念などの集積をもとに想像し、それを基にして実験したり、他人の意見を聞いたり、議論したりしながら、新しい物や概念に到る道を模索します。どうしてもうまくいかなければ、また想像力を働かせて別の道を探ります。この過程での優れた思いつきや直感も想像力に起因するものです。想像を実行に移しその成果を検証するという過程を繰り返して、目的を達成し、新しい物や概念を創り出したとき、その人の想像力の集積結果が創造力として評価されるのです。最初に、いかにして科学的・社会的に意義の深い目標を設定するかも想像力に依存します。科学の根底の力は想像力です（参考文献4）。

このように想像と実行を繰り返す科学の道は苦難の連続です。道の先に明かりが見えてからも、容易に進めるものではありません。マリー・キュリーはウラン鉱石から100ミリグラムの純粋なラジウムを得るのに1トンを超えるウラン鉱石を処理しなければなりませんでした。キュリーが白血病になったのはこの実験のせいであるという説がありましたが、これは彼女の遺体の放射能測定によって否定されました。彼女の白血病は、第一次世界大戦中にレントゲン車を自ら運転して、前線で傷ついた多くの兵士の診断に当たった時のX線被ばくが原因であると考えられるようになり、科学者としての功績のみならず、人間としてのキュリー夫人の偉大さが再認識されています（参考文献2）。

2　道徳的能力の根源も想像力

―科学と道徳は根底で繋がっている

道徳的能力の根源は想像力であることは、第4章6節の(2)で既に詳しく述べたところです。

すなわち、道徳的能力の基本は、人間が他の人々や動物、植物を含む自然環境に対して、どのような態度を取るべきかを適切に判断する能力です。相手がたとえ人間であっても自分の振舞いについて、相手にいちいち意見を聞いてから実行するという訳にはまいりません。また、自分の言行を相手がどのように感じたかも、通常は想像力に頼るしかありません。このように考えれば、道徳的能力を発揮するための根源の力は、科学の根底の力と同様に、想像力であるということになります。生きる力の根源は想像力であるともいえます（参考文献4）。

したがって、豊かな想像力の持ち主である優れた科学者・技術者は、適切な善悪の判断基準さえ持っておれば、優れた創造性を発揮できるだけではなく、道徳的能力も高い人間ということになります。ピエール・キュリーが危惧したような科学の悪用が科学者・技術者自身の考えによって行われる可能性は非常に低いと考えてよいはずです。核兵器のような科学の悪用は、市民社会の科学に対する無理解と道徳的能力の低さが、科学者・技術者に不当な圧力をかけた結果と考えるのが妥当です。ただ、このような不当な圧力を取り除くのは科学者・技術者の使命の一つであることは忘れてはなりません。その使命を全うするのが非常に難しいことは間違いありませんが、全国民に対する気長な教育的手法によるしか道はないと筆者達は考えています。

放射線を医療に使用するときに、患者が放射線被爆によって、ある程度の健康障害を受けるというような科学のマイナス面を、科学の悪用と混同してはなりません。医療用の放射線による健康障害や医薬品の副作用という様な、科学のマイナス面はいかに優秀で道徳的能力の高い医者が治療を行っても、ある程度は避け難いものです。科学のプラス面の効果をできるだけ大きくし、マイナス面の影響をできるだけ小さくすることは、科学者・技術者の大事な仕事であり、責務であります。そして、市民はこの様な仕事に全面的に協力しなければなりません。それは科学者・技術者の仕事と傍観していてはいけないのです。ただ、ここで、科学者・技術者は、問題の所在とその意味を市民によく説明し、市民の支援を得るためのコミュニケーションを図ることが必要です。科学者・技術者と市民双方の教養と想像力の高さの問われる過程でもあります。

医療に伴う健康障害や医療過誤も医者を含む科学者・技術者と市民の緊密な情報交換と学習によって、解決できる問題です。患者やその家族も医者と一緒になって患者の病気をいかにして回復に導くかを考えるべきなのです。医者も広い心と謙虚な気持ちで患者や家族を含むその周辺の人たちの意見に耳を傾けなければなりません。その根底にあるのは道徳的思考であると筆者は考えています。

最近は、医療用検査機器にもＭＲＩ（Magnetic Resonance Imaging）のように高度な科学技術を応用したものが現れました。ＭＲＩは強力な磁場中で画像を撮影するもので、筋・骨格系疾患、脳卒中や心筋梗塞などの循環器疾患、腫瘍性病変などの診断や治療にしばしば活用されています。強力な磁場中で撮像するので心臓ペースメーカ、人工内耳、除細動器などにはもちろん禁忌の機器です。造影剤によるアナフィラキシーショックなども報告されていますが、機器の高周波コイルのケーブルと体の一部がループを形成して強い高周波電が流れて患者が皮膚に熱傷を負うというような高度に科学的な医療事故も起こっています。医療関係者も想像力を働かせるための背景として学ばなければならないことが多く、しかも高度になってきました。

なお、いかに想像力が豊かでも、それに基づく判断が人間の幸せを損なうようなことであっては、道徳的能力の豊かな人とはいえません。人は常に自分の中に、公正な判断のための規準を持たなければなりません。この規準はあくまでも個人的なものですが、大事なことは、多くの人に是認されうるもので、且つ、人々の幸せを生み出せるものでなければならないということです。国際ロータリーの哲学を端的に表現するもので、職業倫理の尺度としてつくられた四つのテスト（第4章6節の⑵）は、小学校上級生あたりから理解してもらえる規準の一つです。

3　想像力を養うには

では、想像力はどのようにして養えばよいのでしょうか。想像は誰でもどこでもできます。子どものころ、風邪をひいて寝ているときに、高くて薄暗い天井の板の木目をじっと眺めていると、人の顔や動物、時には恐ろしい鬼など、実にいろいろのものが眼前に浮かんできて退屈しなかったのを覚えています。伝統的な木造住宅には、そこに住んできた人たちの生き様を示す構造や道具、生活の工夫がいっぱい詰まっていて、想像力を働かせて、今はもういない昔そこに住んでいた人と話をしたり、これから生まれてきてそこに住むかもしれない人と話をしたりするようなことができます。古い家は潜在的教育力、すなわち住育の力（参考文献1、5、6）

を持った教室であることは第1章の1節でも簡単にお話ししたところです。他人には秘密にしておきたいような空想の世界、他人とは共有しようのない夢想の世界、そこにゆったりと遊ぶことのできた子どもは、やがて長じるにつれて、他人と共有可能で、しかも個性豊かな想像の世界に進んで行けるのではないでしょうか。

多くの人々が古い伝統的木造住宅に住み、自分のおじいちゃんやおばあちゃんが造った家という思いを込めて、住む家を慈しんでいた頃は、子どもたちは、ごく自然に、想像力を養い、道徳的能力を高めることができました。今はそのような環境は皆無に等しいと言っても、言い過ぎではないほどです。それを補い、今の子どもたちの想像力を高めるための教育上の工夫が必要です。小学生の文化財建造物の見学会や文化財所有者の出前授業などもその一つではありますが、根本的には学校や家庭で、想像力とそれを発揮する能力の養成に努めることが重要です。

想像力を豊かにするには、その根源となる豊かな知識が必要です。知識はできるだけ広く、また深い方が良いのです。偏食が体に悪いのと同様に、試験に必要なことだけを覚えるような学習では、豊かな想像力は養えず、本当の勉強にはなりません。想像力は道徳的能力と科学的能力の養成にだけ必要なものではありません。学校教育のすべての科目の学習に必要です。学校の授業の難しいところの理解は、まず想像力を働かせて子どもが自分なりの解釈をするところから始まります。その解釈が正しいかどうかの判断にはいろいろな方法が考えられます。先生や友人との議論も一つの方法ですし、図書館にこもって本を調べるという方法もあります。

ここに至って、子どもは想像するには適切な知識が必要であることを自ら知り、さまざまな現象や物に対して、自身の好き嫌いにかかわらず、興味・関心・好奇心を持つようになります。総合的な学習とゆとりの教育の大事な目標の一つがこの点にあったことを、国民は深く認識して欲しいと思います。読書、すなわち教科書以外のいろいろな本を読むのも、学校の授業とはまた一味違う分野の知識を得てこれを蓄え、想像力を養うのに役立ちます。授業から離れた自由な読書は試験の心配もなく、想像の世界に大きく羽ばたけることは間違いありません。

知識の修得には暗記が必要です。録音機と人間の頭との違いは、われわれの頭はいろいろな事実の記憶の間に自分なりに想像力を働かせて関連づけを行って知識を理解し、記憶を確実にすることができるという点です。このような暗記は、単なる丸暗記とは異なり、想像力を失わせることはなく、むしろそれを強化するものです。暗記により想像力が失せたとすれば、それは暗記が悪かったのではなく、暗記の仕方が悪かったのです。想像力・思考力・判断力と記憶能力は互いに対極にあって、どちらが重要で、どちらがあまり重要でないというようなものではありません。互いに車の両輪のように作用し、機能しあうものなのです。

想像の段階は子どもにとっては一番楽しいはずです。先にも述べたように、想像は誰でもどこでもできます。また、たとえ子どもでも想像を通して新しい発想を生み出すこと、すなわち創造に繋ぐことが可能です。過度の受験勉強や詰め込み教育は子どもたちからこの想像する楽しみを奪い去り、想像力や好奇心を萎縮させて、創造力に欠ける子どもにしてしまう恐れがあります。子どもたちが勉強する目的は、想像力を養い、これを高め、想像力豊かで、道徳的能力の高い人間になって、世界の平和と人類の福祉に貢献するためだと思います。

4　本章を終えるに当たって

最後に、今われわれが考えている道徳的能力があまりにも人間本位ではないかという点に触れておきたいと思います。国際自然保護連合の最近の報告（参考文献7）によれば、世界の哺乳類の4分の1（1141種）が、主に人間活動の影響で絶滅の危機にあり、うち188種は絶滅寸前、29種はもう手遅れの状態ということです（参考文献8）。このような状態を招いたのは、哺乳類の一種である人間の生活活動であり、それに科学と技術が関わっていることも事実です。これまでの人間の道徳的なものの考え方があまりにも人間本位の視野の狭いものであったことになります。科学者・技術者の道徳観、倫理観があらためて問われる時代に入ったこと、そして、この文章はそのことを視野に入れて執筆されたものであることを述べて筆を擱（お）きます。

※本稿は、畑田耕一、林　義久、澁谷　亘「道徳と科学」畑田家住宅活用保存会年報　№8、5～6ページ（2009）http://culture-h.jp/hatadake-katsuyo/nenpo8.pdfを、許可を得て一部改稿したものである。

※同年報発行当時、[1]畑田耕一は大阪大学名誉教授・大阪府登録文化財所有者の会会長、[2]林　義久は元大阪府教育委員会文化財保護課主査、[3]渋谷　亘は兵庫県立豊岡高等学校教諭

第6章

「あたりまえのこと」と「あたりまえでないこと」

―論理的に考える教育の必要性―

関口 煜[1]

1　小学校での出前授業

　豊中ロータリークラブの青少年奉仕活動のお手伝いをして、大阪北郊にある小学校2校で出前授業をさせていただく機会がありました。両校とも5年生の3クラス合同で約100名の生徒が対象で、給食のあと教室の掃除をすませた午後の時間をいただいて、ゆっくりと話すことができました。授業の題目は「あたりまえのこと、あたりまえでないこと」としました。先ず問題は、どんなことが「あたりまえ」で、どんなことが「あたりまえでない」か、です。「あたりまえ」の実例をたずねると、生徒たちは活発に答えてくれました。その中の代表的な7例を左記に示します。

① 1に2を足すと3になるのはあたりまえ。
② あついものにさわったら、やけどをするのはあたりまえ。
③ お金を大切にするのはあたりまえ。
④ 私にとっては、言ったことを守るのがあたりまえ。
⑤ あたりまえの服を着た女の子。
⑥ 誰それがぶった（叩いた）ので、ぶち（叩き）返してやったのはあたりまえ。
⑦ あれほどたくさんもっているのだから、少しくらい僕にくれてあたりまえ。

2 「あたりまえ」の語源と意味

次に、「あたりまえ」の語源について説明しました。「あたりまえ」と同じ意味の漢語「当然」（正字は「當然」）はすでに2000年前に中国の文献にも多数見られ、日本にも古く漢文輸入の際に入ってきたようです。江戸時代後半になって庶民の学問熱が高まって識字人口が増えると、誤字・当て字が横行するようになり、「当然」が「当前」とも書かれるようになったことから、それを訓読みした「あたりまえ」が通俗化したようです（日本国語大辞典、大言海、広辞苑による。日本国語大辞典は他の一説〈文末注参照〉も併記している）。

「あたりまえ」の語意についてはどの辞書もほぼ同じ説明をつけています。広辞苑は、「1．そうあるべきこと、当然　2．ごく普通であること、なみ」、日本国語大辞典は、形容動詞として、「1．道理から考えてそうあるべきこと、当然　2．ごく普通のこと、ありふれていること」、大言海は、「1．理の当る処、当然　2．転じて、つねなること、なみ、通例、尋常」、と説明しています。すなわち、どの辞書をとっても、「1．は理論的・論理的、ときには倫理的またはものの道理のうえからみて期待されるべき當然、2．は経験・慣習などの見地からみて平凡、日常的、常識的、際立っていないこと、特異でないこと」、ということになります。前者は理性の判断にもとづくものですが、後者は安易な世間順応型の消極的な感覚にすぎません。なお、「あたりまえ」の原語「當然」には、本来2．の語意は存在しないことを忘れないでください。

ところが、実生活の上で「あたりまえ」という言葉が使われる場合には、往々にしてこの二つの意味が混同されている、――というよりは、いろいろな「あたりまえ」が、あるいは二つの意味の中間的色彩を持って、あるいは二つの意味を表裏両面にもって濫用されているように思います。時には、意図的に混同させるように使用されることもあります。たとえば、根拠の薄弱なものを強引に正当化しようとする場合などです。こうして、「あたりまえ」という言葉が本来の論理性を失って、論理的思考を阻害する魔法の言葉になってしまっているのです。言葉の意図的な悪用とも言えます。

そこで、生徒たちのあげた「あたりまえ」の各実例がどの程度本当にあたりまえであるかを検討するために、論理性・正当性・確実度の高いものから低い方へと、生徒たちの前で大雑把に分類してみました。これは今のところ全く不完全な一試案ですが、あとの議論を進めるためにはこれで用が足りると考えて分類したものです。

(1) 論理・理性などによって明白とみられるもの、あるいは説明がつくもの、予期されるもの

① 1に2をたすと3になる

② あついものにさわったら、やけどをする

(2) 倫理・道徳的にみて要求されるもの、一般的または特定の観念から正当とみなされるもの

③ お金を大切にする
④ 言ったことを守る
（3）日常的・経験的に見なれているからという「あたりまえ」
⑤ あたりまえの服を着た女の子
⑥ 誰それがぶった（叩いた）ので、ぶち（叩き）返してやった
（4）利害得失などの発想から上記（1）〜（3）のどれかに似せてつくった論理性に欠ける「あたりまえ」
⑥ 誰それがぶった（叩いた）ので、ぶち（叩き）返してやった
⑦ あれほどたくさんもっているのだから、少しくらい僕にくれ

生徒たちにとっては、このような手法（分析・整理・分類）で、ものを考えることは、おそらく初めての経験だったと思います。それで、この部分は講師の私先導のかたちで話をすすめたのです。生徒たちは、これによって、世の中にこのようなものの考え方・操作があることを知ったことと思います。

そのあと、生徒たちが先に提出した「あたりまえ」のいろいろな実例のうち、1節に記したもの以外の例について、一つずつそれが前述4項目のどれにあたるかを生徒たちと共に検討しました。中には、使用時の状況によって2項目（たとえば例⑥）、あるいは3項目にわたるものもあり、問題の複雑さがよく分かりました。

最後に注意事項として、これからは何かを「あたりまえ」と思ったとき、また誰かが「あたりまえ」と言ったとき、その都度、それが本当に「あたりまえ」であるかどうかを考えてみることを勧めました。これまで子どもたちにとって「あたりまえ」は免罪符であり、思考停止の厚い壁だったのです。歪曲を固定化する終止符だったのかもしれません。「あたりまえ」が本当にあたりまえかどうかを考えることはこの厚い壁を破ることです。この壁を破ることによって本当の思考がはじまるのです。

実をいうと、木の枝からリンゴが落ちる「あたりまえ」もニュートン以前は単なる経験的知識でした。重い大きな石も軽い小さな石も同じ速さで落下することは、ガリレオ以前は「あたりまえ」ですらなく、「重い方が速く落ちる」の方が「あたりまえ」だったのです（ちなみに、両校とも5指にあまる生徒がニュートン、ガリレオの名を知っていました）。「あたりまえ」を疑うこと、これが本当に考えることの第一歩だというのが、この出前授業の主旨でした。

3　「考える教育」を考える

「あたりまえ」についての話はこれで終わりですが、実はこの出前授業では言わなかった別の問題が一つあります。それは「考える教育」の問題です。教育の中で「考える」ことを教えることの重要性については何人も異論はありません。しかし、何を考えるかを想定して「考える教育」を論じているのかという点は、千差万別、人まちまちで、そのために議論がかみあわず、深まらないこともあります。

「考える」というのは生物学的、詳しくは大脳生理学的機能であって、われわれヒトは生まれてから死ぬまで考え続けているわけです。

現実の教育の中での「考える」は左記のようにいろいろな意味を表しています。

（A）【習得・反復・理解・習熟】幼児が言語を覚えるのも、歩きだすのも、考えることなしにはできません。一般に「ものまね」をするにも大いに考えねばなりません。程度の高低に関係なく、習得・反復・理解・習熟、特に理解には考えることが不可欠です。

（B）【応用】習得・反復・理解・習熟した能力や知識を用いて、習熟過程よりも広い範囲の具体的な問題に活用することを学ぶ過程です。応用には習得や習熟よりも高度の考える力・思考力が要求されます。

（C）【自発】身についた能力や知識を自分の知らなかった新しい問題に適用して発展させる過程です。ここでは、興味・関心・意欲・努力が必要で、指導者はこれを間接的に支援できますし、することが必要です。

（D）【開拓】徐々に自立して専門化する過程で、創作や研究などがこれに当たります。この過程では第三者は助言によって協力することができますし、本人は他と積極的に議論することにより、その考えを深めることができます。

これまでの章の文章では、Aが主として「知識の習得」あるいは「技能の習得」という意味の言葉で表現されており、B、C、Dがあまり明確に区別されることなしに「考える」という語で表現されています。

これらのA、B、C、Dの過程は、特定の項目について考える時の経時順位、すなわち教育の中での考える力の関わりはAに始まりB、C、Dの順に進むということを示すものです。それぞれの過程に必要な所要日数などは、生徒の年齢・学年や科目などによって変わる筈です。「考える」を議論するときに参考にしていただければ幸いです。

そして、今、「考える教育」を主張する人の意見の大部分は、A、B、C、Dのどこで、どんな方法で、どこまで学習者の自発的な思考を引き出せるかという議論に終始していて、日本人に日常生活のあらゆる機会にごく自然に考えるという習慣を身につけさせるという「考える教育」の根本には到達していないように思えるのです。この「日本人が日常生活のあらゆる機会にごく自然に考える習慣を身につける」ことの必要性は前章までの文章で何度も強調してきたところでありますが、次節でこの問題をあらためて考えてみたいと思います。

4　これまでの日本の教育とこれからの日本の教育

誰が、いつ言いだしたのか日本には「知育・徳育・体育」というスローガンがあります。これは「教育すなわち訓練」という発想から出た古い教育理念だと思いますが、この発想の批判は別の機会に譲るとして、そのうちの知育について考えてみたいと思います。

日本人は昔から教育に熱心な国民として知られています。国民は実務に長じていて、国家や社会の要請に現実的に対処する能力にすぐれており、日本の教育はその目的によく合致しています。すなわち、日本の学校教育は前に述べた(A)~(D)の4段階を意識的に組織化した、実用を主眼とする現実主義的な「養成教育」であって、知識や技能の習得という実際面の効果の限りにおいては充分に成功しているといえます。日本が経済大国になったのも、技術立国を果たしたのも、これすべてこれまでの実用を主眼とする教育の成果であります。もちろん、現在の教育の中に欠点・難点や不満がないわけではありませんが、大綱においてこれまでの日本の現実主義的教育は、少なくとも実際面においては、成功であったことは認めざるを得ません。

それでは、この教育を、諸手を挙げて賛美すべきか、それは否です。日本の教育は非常に大事な残り半分すなわち物事を論理的に考え、他と議論し、判断する能力の養成を忘れているのです。そしてこの大きな欠落が日本人の民族的欠陥を作っていることにもあまり気がついていないようにみえます。また逆に、現在の日本人の欠陥がこの欠落を許しているとも言えます。現実主義・実利主義という砂漠の中で干上がりかかった思考力と論理性の弱さが日本人の大きな欠陥なのです。現在の日本の教育には実用編・応用編があるだけで、基礎編がほとんどありません。実利主義の大きな流れはあるが、それを裏打ちすべき思考力・論理性・判断力の固めがないのです。教育が、3節に述べた4段階の学習過程にならっているのなら、A、B、C、Dの各段階で思考力が養われているはずなのに、実際はそうなっていないのです。これは、思考力・論理力・判断力・批判力が生活の根本として身につく土壌ができていないからだと思います。思考力・論理性・判断力の裏打ちのない実用・応用ほど危険なものはないことは第4章4節の(2)で指摘した通りです。

それでは、現在までの日本の教育は、なぜ、概念の整理、論理性の育成、思考力の錬磨に繋がる本当の「考える教育」を軽視ないし無視してきたのでしょうか。その理由は三つ考えられます。その一は、あまりにも実利・実用に重点をおいた結果、物事の根本原理を考えることに手が回らなかったこと、その二は、日本人自身があまりにも実務的現実主義者でその問題に気づかなかったこと、そしてその三は、国民が判断力・批判力を持つと実利・実用主義社会の根底を揺さぶる分子が増えてくるという危惧を抱く人がかなりいることです。

筆者は実利・実用主義、現実主義の教育を否定するものではありません。これは後発の社会が一日でも早く先進国の水準に追いつくために必要なもっとも直接的で有効な手段であります。日本に続く数多くの新興国も同じ方法を採用しています。新興国がこの方法で成功を収めるには、その社会の歴史的・文化的背景が整っていることが必要で、日本はそれに当てはまる国の一つでした。しかし、いつまでも実利・実用主義の妄想にとらわれていてはならないのです。アジア・南アメリカなどの新興勢力と呼ばれる中進諸国もやがては日本と同じ方法で同じ水準まで追いついてくることは間違いないのです。今のままでは、日本がこれら諸国を引き離して進歩することは永遠に不可能ということになります。すなわち世界における日本の存在価値がなくなってしまいます。それは日本にとって不幸なだけではなくて、世界にとっても良くないのです。日本は近い将来に世界をリードする責務を負い、またそれを果たすべき使命を負っている国の一つであると私は思っています。

それではどうすればよいのでしょうか。端的な例として、世界の経済面・技術面での軋轢(あつれき)の中で、今日本は何をもって優位に立っているのか、また何によって損をしているのかを見れば分かることです。日本は、現実の世界という所与条件の中で、血と汗を流す精一杯の努力によって、何とか世界の列強と肩を並べています。ここに日本の実利・現実主義のそれなりの成功面を見ることはできます。その反面、現実の所与条件そのものを牛耳る欧米諸国とのあらゆる交渉に敗れ、言いくるめられ、圧(お)しつぶされています。自己主張が下手で弱く、いつも議論や交渉に負けている日本、これが日本の実利一点張りで、残り半分のない教育、すなわち物事を論理的に考え、他と議論し、判断する能力の養成を忘れた教育の弊害から来ているのは明らかです。これは単なる損得だけの問題ではなく、もっと大切な日本人の品位や尊厳にかかわる重大事であります。

日本人に論理性が全くないというのではありません。諺にもいう通り、誰でも何事についても三分以上の理をもっています。問題は、それが大河が滔々(とうとう)と流れるような論理ではなくて、往々にして根も幹もないミミズの穴のような、やせこけた、長さ三分の論理であるということなのです。この現状を改善しなければなりません。日常から物事を考えて、その考えを分析し、整理し、分類し、それに基づいて、物事を論理的に追求し、判断し、根拠をもって批判する能力を養うことが大事なのです。その上で、物事を主張し、論理的に議論を構築し、議論をたたかわせて他を説得、あるいは他の概念も合わせて自己の思考内容を整理・表現する能力を身につけるのです。これからは、このような能力を内に秘めて、必要なときにそれを行使することができる日本人が数多く輩出されねばなりません。そのためには小学生のときから分析的・論理的に物事を考える教育を行う必要があるのです。

現在、世界は大きな変革の真っ只中にあります。市場原理の導入や、いわゆるグロバリゼーションは、もともとアメリカが自国利益の保全・拡張を目的として強行する世界政策ですが、これが現実問題となっている以上、アメリカ自身を含むいわゆる欧米諸国にも社会のいろいろな見直しが必要になってきています。これまで欧米諸国はその伝統的な論理・原則で固めた重厚な物質文明の社会を築き、つねに現実主義・実利主義を侮蔑・軽視してきましたが、今や実利主義的発想なしには新興諸国に対する優位を維持できなくなっています。ただ、本来の原理・原則主義には指一本ふれていません。今後は実利主義を加味して両刀を使い分ける二元的発想の社会になると思われます。

われわれも現時点での社会の発想にとらわれて目前の何を強化するかということではなしに、社会の発想自体を見直さねばならない段階にさしかかっていると思います。今こそ、日本は、従来育てあげ、磨きあげてきた実利主義的社会に、これまで疎外してきた論理的発想を投入・強化して、欧米とは違った発想による複合的社会をつくらなければなりません。

「あたりまえのこと」と「あたりまえでないこと」の出前授業は、こうした考えのもとに論理的に考える教育にむかって一石を投じるつもりで行ったものです。

（注）語源由来辞典によれば、語源についてのもう一つの説は、漁や狩りなどの共同作業では一人当たりに分配される取り分を「当たり前」と言い、それを受け取るのは当然の権利であることから、「あたりまえ」が「当然」の意味を持つようになったとする説です。つまり、「あたりまえ」が分配される分を意味する「分け前」や取り分を意味する「取り前」などと同じ意味に使われていたことによるものです。

※本稿は畑田家住宅活用保存会ホームページ文・随想欄掲載の「関口　煜、『あたりまえのこと』と『あたりまえでないこと』—論理的に考える教育の必要性」を許可を得て一部改訂・補筆したものである。

※ホームページ掲載当時、関口　煜はフランス国立科学研究センター名誉教授

第7章

初等・中等教育における学校、家庭、地域社会の役割

渋谷[1]　亘、畑田耕一[2]

1　本章をお読みいただくに当たって

学校教育の根本は、知識を教え、それを応用させるだけでなく、その背景にある物事の本質を考えさせることであります。学校から家に帰った子どもが、学校で学んだことを生かして体験的に考え、行動を起こすことによって、学びの成果を挙げることができるかどうかは、家庭の教育力にかかっています。家族が子どもに及ぼす教育上の影響は非常に大きいのです。国民一人一人が生涯学習を心がけ、家庭の文化的環境を良くし、教育力を高めることが、ひいては地域の文化教育力を高め、子どもに生きる力を養わせることになるのです。これらのことは、前章までで何度も述べてきました。

近年、社会の仕組みや人々の生活様式が次第に多様化、複雑化し、その影響で価値観もまた多様化しました。子どもや保護者、地域社会の環境も例に漏れません。それに伴って、学校にも多様な価値観が集まり、これまでの単一の目標のもとでの画一的な教育は成り立たなくなりました。それに伴って、子どもたちの中では戸惑いや混乱に起因した無気力さが生じているようにも思われます。日本の子どもたちと身近に接している外国からの留学生に聞くと、「日本の小・中学生は生き生きとして夢を持っているようには見えない」という答えが返ってくることがあります。教育の世界でも、個性化とそれに伴う多様化に対する対応が求められているのです。このような状況のもとで、学校、家庭、地域社会には何が求められているのか、課せられている役割はどのようなものなのか、を考えてみたいと思います。

本章は文末に詳記したように初等・中等教育の関係者ならびにそれに関心を持つ一般市民が集まった畑田家住宅活用保存会主催のフォーラム「教育における学校、家庭、地域社会の役割」の内容に基づいて書かれたものですが、その内容は図らずもここまでの章の内容を実際に現場で教育に当たるものの立場から総括的に述べた形のものとなりました。これは、ここまでの章の記述が教育の立場からまことに当を得たものであることを示すものと思われます。このことを念頭に置いて本章をお読みいただければ幸いです。

2 教員の役割

教員には教育に関わる高い倫理観と使命感が求められているのは言うまでもありません。教員は子どもにどのような教育をして、どのような人間に育てたいかという目標（教育観）を明確に持って授業をせねばなりません。「いい子を育てよう、いい教育をしよう」という志が大切です。自分の授業や言動を常に見直し、自らを改善できる力が必要なのです。子どもは、大人以上に人の役に立ちたいという思いを抱いていて、そういう人に会うと感激します。教師がそのような子どもたちの尊敬の対象となり、子どもたちのロールモデル（role model）になるよう、常に学びの姿勢を崩さず自己研鑽に努め、自身の全人格の育成をしなければなりません。先生は子どもたちにとっては神様のような存在ですし、また神様であって欲しいのです。

教員が生きることの面白さ、自分の専門の面白さを伝えることは非常に大事です。子どもが自分の先生を尊敬し、あの先生のような人になりたいと思うことは、子どもの人格形成に大きな影響を与えます。とりわけ小学校で、子どもたちが「あの先生みたいになりたい」と思えるような教員と出会うことの意義は大きいのです。教員もこのことをよく理解して、「あの先生の言われることは何でも聞きなさい」と保護者や地域から言われるような力を身につけなければなりません。さらに子どもたちに対してだけでなく、地域社会においてもロールモデルになるだけの力をつけなければなりません。この力は単なるペーパーテストでは推し量ることのできない生きる力、人間力に繋がるものです。この生きる力、人間力こそが、生徒に転写されなければならない重要な力のひとつです。この様な教師を育成していくためには、家庭の協力も欠かせません。

従来は、ごく自然に行われていた教員相互の研鑽による授業力の向上が、今は難しくなっているようです。授業以外の様々な事務的用務や各種調査、本来家庭が行うべき基本的なしつけなどの生活支援的業務の発生が、先生の授業の準備に向ける時間や場合によってはエネルギー迄をも削ぐ事態になっていることが一因です（第3章の9節参照）。また、教員の年齢構成に偏りが生じていることも、教員の相互研鑽を行いにくくしているようです。退職教員の再出馬による現職教員の指導という方法も考えられますし、現実に退職教員の再雇用や定年延長という形で実行されている自治体もあるようです。平成21年度から実施された教員免許の更新制度を教員リフレッシュ教育に生かすのも一つの方法です。まかり間違えても、教員免許は10年で消える可能性がある魅力のない免許というような誤解を若者に招き、免許更新制度が教員の質の低下に繋がるようなことがあってはなりません。

先にも述べたように、教員は、高い倫理観と使命感を持ち、常に学習に努めて教育力を高め、自己成長を続けなければなりません。教員の採用に当たっては、そのようなことのできる資質を備えた人材を教壇に送る努力と工夫が必要です。その一方で、このようなことのできない先生を現場以外の場所に配置することも必要です。その場合、このような先生には他の適切な仕事を与える必要があります。そのためにも管理職となる人間の資質は重要なのです。そして、定員増と給与の増額も含めて教員の待遇を向上させ、優秀な人材を集めることのできる制度を構築することも必須といえます。教員にも時間のゆとりを充分に与えて、子どもと接することのできる時間と自己研鑽の時間を保障することが最重要の課題です。これは、また、教員が生徒に考える力の養成を説くことができるためにも保障されなければならない課題です。生徒の考える力の養成に関しては第6章、特に同章の3節および4節を参考にして下さい。

3　学校の役割

小学校、中学校、高等学校には、それぞれの発達段階に応じた教育のあり方や役割があります。小学校では、社会性を身につけるために、学校を挙げて、命の大切さを実感できる心地よい学級を作り、自分の考えを適切に表現する能力を身につけるとともに、他人をよく理解する努力をする子どもを育てることが必要です。この時期の子どもの教育に重要な課題は、勤勉性を基本として自発性を育てることです。それによって、子ども達は、友達同士の喧嘩なども含むさまざまな体験を通して、いろいろなことを行う自信を深めていくことができるのです。これらの過程で、学校と家庭・地域の間に充分な支援・協力関係のできていることは不可欠です。このような小学校での経験は、中学校時代から20代にかけて成熟してゆき、アイデンティティの確立に繋がっていくことになります。

最近の生徒は、いわゆる「読み書きそろばん」の力が落ちているように感じられます。世の中はずいぶん便利になり、漢字を知らなくてもワープロで文章が作れるし、電卓のキーボードを叩くだけで、かなり難しい計算でも答えが出ます。簡単な英文なら日本語をキーボードに打ち込むだけで作成することも可能です。基礎的学習を積む前にこのような技術に慣れてしまうと、基礎的能力が不十分なまま成人するということになりかねません。一方、昨今は、ゆとり教育、総合的な学習、教科内容削減の見直しや小学校での英語教育、従来の教科の枠を超えた新しい教科の創出、探究活動など、教育政策がめまぐるしく変化し、巷では、さまざまな議論や論争が行われています。ただ、ここで、学校教育の問題を制度の欠陥と学校・教員の教育能力のみに帰するのではなく、教育を市民全員の責務と捉えて問題の解決を図ろうとするのが、民主主義社会に生きるものの使命であることを強調しておきたいと思います。学校・教員だけに要求をして自らは何もしないのでは、問題の解決になりません。具体的には、学校、教員、保護者が一緒になって、子どもの教育をするうえで「教える」ことと「学ばせる」ことの両立とそのバランスを常に心がけねばならないのです。教えすぎず、また、学ばせようとするあまり教え足らずにならないようにすることが肝要です。教えねばならないのは知識だけではありません。教えられた知識を記憶したり理解したりするコツなどは全て生徒が自分で考え出すものだなどとは言わず、例えば、「野菜の名前を覚えるのに、根を食べる野菜、葉っぱを食べる野菜、実を食べる野菜、というふうに整理しておくと覚えやすいよ」というようなことに気づかせるような教師の一言は子どもの学習に大変役に立つことが多いのです。

いろいろな教科の中で、日本語の教育はすべてに優先します。これは、文科系、社会科学系を目指す者のみならず、自然科学系の進路希望者にも、あまねく当てはまることです。小学校での国語教育の時間はもっと増やすべきです。日本語の基礎をしっかりと学習したうえで、論理的思考力と表現力を身につけさせることが必要です。小学生も高学年になれば、たとえ、算数の解答であろうとも、数字や式のみの羅列ではいけないことをしっかりと理解させておく必要があります。例えば、「計算式の中に加減算と乗除算が混ざっている時には、乗除算を先に行ってから加減算を実行するのが決まりです。したがって、2×8+4÷2を計算するときには、2×8と4÷2を先に計算してから、それぞれの答えの16と2を加えて、2×8+4÷2=16+2=18となるのです」というような文章を書いたり、口頭で正しく説明したりする能力は算数の授業で身につけさせなければなりません。正確な日本語を書くための授業は算数の授業の方が行いやすいと言えないこともありません。

小学校低学年では、基礎をしっかりと叩き込まなければなりません。それは「読み書きそろばん」の基礎、あいさつの習慣、宿題をきっちりする習慣、運動場や教室で友達と一緒に遊べることとです。これらをきっちりできるようにしたうえで、高学年では日常生活の中から教材を選び、学びの「楽しみ」を伝えていけばよいのです。それぞれの教科の特性を生かして、その授業を通して教えることのできる物事の根本原理を実生活との関わりを通して理解させれば、子どもたちの学習への興味・関心を強め、学習意欲を高めることができます。その結果、自ら自発的に学ぶ力が醸成されるのです。この段階では、「総合的な学習」が大いに役立つはずであるし、それによって、子どもは自発的に学び、物事を行うことへの自信を持つことができます。例えば、先ず氷は水に浮くことを認識させてから、密度の定義を教えると、子どもたちは氷の密度は水の密度より小さいことを理解します。その上で、分子の概念を学ばせると、小学校高学年の生徒なら、何人かは、密度の大小は分子の質量と分子同士の集まり方によって決まるという結論に到達してくれます。それでも、水中の水の分子の方が、なぜ氷の中の水の分子より、集まり方が密なのかを小学生に理解させるのは無理かもしれません。そんな時は、「もう少し勉強してから、もう一度考えよう」と言えばよいと思います。

一方、1節でも述べたように、近年、社会の仕組みや人々の生活様式が多様化、複雑化し、その変化のスピードには目を見張るものがあります。教育の世界でも、物事を多面的に見て、現在の社会の情勢に対応できるように教育の内容や方法を改めなければなりません。過去の成功体験に基づいた旧態依然としたやり方では、通用しなくなっている部分も多くなっています。教育において、何を変えねばならないのか、何は変えずに守り通さねばならないのかを、学校はしっかりと考えて、社会に対して明確に発信することが必要だと思います。

学問領域の面白さや夢を子どもたちに伝えるためには、それを心の底から面白いと思う人が教えなければなりません。誰でも、自分がよく知らないことについて、その面白さを語るのは容易ではありません。したがって、小学校でも高学年では専科教員制の導入が望まれます。予算や定員の問題でそれが不可能な場合は、当面、教員同士の授業交換でしのいでいく方法も考えられます。この方法は筆者の一人畑田が小学校5～6年生の頃（昭和20～21年）にすでに試行的に行われていました。一方、教育大学の小学校教員の養成課程で、卒業研究の専門分野だけでなく、小学校の教師として必要な他のいろいろな分野の基礎的な素養を身につけさせる努力がもう少し必要なのではないかと思われます。

最近の社会問題として、身体的、心理的、または性的な虐待や養育放棄があり、児童相談所への虐待通告は年々増加しているようです。不登校、いじめ、学級の荒れなど、他にも懸念される問題が少なくありません。これらは子どもたちを取り巻く環境が安心して学べる環境でなくなっていることを示しています。子どもたちがいつ、攻撃的になったり、過度に甘えたり、無力感、情緒的不安定になっても不思議でない状況ともいえます。

重要なことは、子どもたちの様子の変化を的確に受け取り、未然に対処する働きかけです。その際、忘れてならないことは、どのような言動や振る舞いをする子どもたちでも、健康な部分を根底に持っていることを信じて、表面的な行動の規制だけに終わらないことです。指導する担任教員の負担が極めて大きいことは確かですが、子どもたちの可能性をどこまでも信じ、粘り強く指導していくことが最も大切であると思われます。あらゆる機会を通じて、すべての子どもたちの可能性をはぐくむような働きかけを日常的に進めることが指導の根本でありま す。子どもたちを表面的にとらえて「問題のある子」と思うのではなく、「この子どもたちも問題を抱えて困っているのだ」と受け止めて内面理解に努める視点をすべての指導者が共有することが重要なのです。東井義雄の詩のように「どの子も子どもは星」（東井義雄詩集・探求社より）であり、それぞれの光を見て、子どもたちの内面をはぐくむ働きかけが、保護者や指導者に強く求められているのです。

少し観点は変わりますが、昔は、学校も子どもの住む家も伝統的な木造住宅でした。このような建築には、わが国古来の文化伝統を伝えるさまざまな先人の工夫や心がいっぱい詰まっていました。子どもはその旺盛な好奇心と想像力を駆使して、感覚的に伝統・文化・風習を学び取ることができたし、また、それを通して自らの想像力を磨き、創造力の養成に繋ぐことも可能でありました。今は、学校の建物はほとんどが鉄筋コンクリートの建物であり、子どもたちの家も伝統的木造住宅であることは少なくなっています。日常生活の中で、建物の持つ潜在的な教育力が子どもに影響する機会は、ほとんど失われてしまったと言えないこともありません。このような視点から住宅を見つめなおし、建物の持つ潜在的な教育力、すなわち、「住育」の力を子どもの教育に生かす方策を考えてみてはいかがでしょうか（参考文献1）。また、さまざまな先人の心が詰まっている建物を後世に残すということも大切な教育活動です。日本古来の文化伝統の継承を通して、文化や伝統を大切にする心を育てることは、道徳教育の根幹と考えられるからであります（参考文献2）。

4　家庭の役割

家庭、学校、地域社会のうち、とりわけ学校と家庭の関係が良くないと、子どもに悪影響の出ることがあります。例えば、母親が家庭で担任の先生の悪口を言うようなことがあると、子どもは先生を尊敬しなくなります。これでは、結局、子どもがだめになってしまうだけです。また、若い母親たちの中には、自分の子どもが担任教員に指導されると、まるで自分が担任に注意されたような気分になってしまう人がいるという話も聞きます。世の中の先輩に当たる親などが支援をして、このような母親の不安を解消するようなシステムを地域社会に作っておく必要があります。

また、現在は、家庭と学校が自分の子どもだけで繋がっていて、教育が損得勘定やお金を払って物を買うような感覚で判断されることがあるようです。学校はお金を払って教育を買うところというような考えだけで結ばれた関係を作ってしまい、さまざまな教育の問題点は「先生のせいだ」と済ましているようでは大変困ります。参観日や面談、学校行事などへの参加は、商店で買い物をしたり商談をしたりするのとは根本的に異なります。

子どもは学校、家庭、地域社会の中で学び、育っていくのです。健全な子どもの育成には、とりわけ、家庭環境が重要です。小学校高学年のときの家庭の文化的環境が、その子どもの将来を決めるという調査結果もあります（参考文献3）。親の再教育、生涯教育が必要です。保護者を含む市民全体が一生懸命生涯学習に励んでいれば、子どももまた勉強に精を出すはずです。同様なことは子どもの礼儀作法についてもいえます。大人の社会が礼儀正しいものであれば、子どもも自発的に礼儀作法を身につけていきます。食事の時にはテレビを消す、朝食をとってから登校する、いつもTシャツやトレーナーではなくその場に適切な服装を整えるなど、住育のみならず衣育、食育について、具体的な方策をもって教員と保護者の集まりであるPTAが対応してはいかがでしょうか。親の再教育という視点に立った教育、いわゆる「親学（おやがく）」の構築を考えるのも一法です。

5　地域社会の役割

教育の根本的な目的は文化の伝承です。日本古来の文化・伝統の継承を通して、日本人の「心」を大切に育てることが重要です。したがって、前にも述べたとおり、「人の心」が通った古い伝統的な建物を保存し、活用・継承していくことも、大切な教育の一つであり、地域社会が果たすべき大事な役割であると思います。祖父母をはじめとする高齢者の豊かな経験や知恵を子どもたちに伝えることも、子どもたちの情緒をはぐくみ道徳的能力を向上させるのに重要であり、文化・伝統の継承に不可欠であります。子どもたちが人生の先輩の言葉に畏敬の念を持って接し、高齢者もまた長い人生を生き抜いてきたその貴重な経験を後輩たちに伝えることを責務と考えて努力できるような環境の構築が必要です。

市民の一人ひとりが、子どもの人格の完成、とりわけ小学校高学年の生徒の教育を担っていくことこそ自己の仕事であり責務であるとの使命感を持つことが大事です。子どもが自ら学習意欲を高め道徳の心を養うには、市民の高い学習意欲と品性・高潔性が必要になります。前にも述べたように（第2章の2節、第3章の4節、第4章の2節の(2)の②参照）、学校教育での道徳を担う要はもちろん道徳の授業ですが、それ以外の授業を通しても道徳の教育は行われています。数学には数学の美しさが、国語には国語の美しさがあります。このような専門分野の美しさを、授業を通して感じ取ることのできる子どもを育てるのが道徳教育です。その成果は「勉強そのものに価値がある」という教育本来の意義をよく認識した市民に満ちた社会の育成に繋がるはずです。そのような社会の中の学校では子どもたちは高い意欲を持って学習し、道徳の心を養っていくはずです。

最近は「パフォーマンスの時代」になり、華々しく目立つ物が評価されるような空気が漂っています。マスメディアが取り上げるのは、極端に立派な場合や極端に不真面目な場合が多く、誠実にこつこつ努力する地味で地道な姿勢は脚光を浴びにくい傾向があります。その結果、真面目に頑張っている子どもたちに世間が目を向けることが少なくなり、子どもたちの中でも人気がないようです。ニュースとしての価値から判断すると、ある程度はやむを得ないことかもしれませんが、これでは、子どもたちが地に足つけて真面目に行動することを良しとしない風潮を生む可能性があります。テレビ画面や新聞の紙面から伝わってくるニュースには、子どもたちが喜び、希望を抱くような記事は少なく、不祥事で企業のトップが頭を下げるような場面がよく目立ちます。マスコミはこれを批判にさらし、頭を下げる場面ばかりを論じて、事に対する本質的な議論にあまり多くの時間・紙面を割いていないように見えます。これでは本当に成熟した社会とは言えません。市民に真面目に頑張ることの重要性を伝え、真面目に頑張る者が評価される社会を作らなければなりません。これは教育の重要な役割であり、永遠の使命です。

教育とは「共育」であり「協育」であると言われます。特に、初等・中等教育では、住民の「おらが学校」の意識が大切です。地域は、学校と関わるときに「お客さん」の発想から脱却しなければなりません。住民一人ひとりの地元の学校に対する意識が高まれば、学校が活性化し、教育の効果が高揚します。これは、また地域が育つことにも繋がるのです。地域が成長すれば教育は良くなります。この相乗効果・循環効果は大きいのです。子どもの学習意欲を高め、生きるための作法を養わせて道徳的能力の開発に繋ぐことも、学校と家庭・地域社会との車の両輪のような連携によって、大きく促進されることは間違いありません。

このような地域の支援のもとに、意欲と誇りをもって、自校の学校像を主体的に確立することが学校の責務であり使命であります。学校教職員、保護者、地域住民のいずれもが、学校は税金で運営されていることをしっかりと認識し、学校・家庭・地域が共有できる道徳をもって行動する必要があります。学校はお金を払って教育を買うところで、生徒・保護者は学校の客である、というような消費者主義的な考え方で保護者を含む地域の人達が行動していると自滅することになりかねないのは、先にも述べたところです。その意味では、1997年から可能になった小学校・中学校の学校選択制の功罪を、地域社会の住民は、自分の子どものことだけでなく、広い立場から真剣に議論する必要があります。学校と保護者・地域住民とを繋ぐパイプが自分の子どもだけというような社会では教育の真っ当な発展・深化は望めません。

最後に、マスコミが教育問題解決の強力な支援者となるために、その在り方を真剣に議論することも、生涯学習の意欲に満ちた真に成熟した民主主義社会においてのみ可能であることを強調しておきたいと思います。

6　これからの教育への提言

上記の内容をもとに、教員、学校、家庭、地域社会への提言を次にまとめます。

教員への提言

① 教員には高い倫理観と使命感が求められます。児童生徒に対してのみならず、地域社会においても尊敬されるロールモデル（role model）であり得るように、常に学ぶ姿勢を崩さず、研究と修養に努め、全人格（人間力）の涵養(かんよう)に努めてください。
② 従来は、ごく自然に行われていた教員相互の研鑽による授業力の向上が、教職員の年齢構成がいびつになっている現状では難しくなっています。退職教員の再出馬による現職教員の

指導や有用性の高い研修の機会の提供などによるリフレッシュ教育の機会を増やす努力をして下さい。

③ 日本語教育はすべての学問に優先することを各教科の教員は意識し、あらゆる教育の機会を捉えて、生徒に国語の素養を身につけさせるよう努力してください。

④ 根本原理を学習し、確かな知識に基づいて物事を論理的に考え、他と議論し、判断する能力をもつ人材の養成を第一に考えた授業づくりへの努力をお願いします。

学校への提言

① 小学校では、社会性を育てるために、命の大切さを実感できる居心地のよい学級を作り、自分の考えを適切に表現する能力を身につけるとともに、他人をよく理解する努力をする子どもを育てることが必要です。この時期の子どもの教育に重要な課題は、勤勉性を基本として自発性を育てることです。そのためにも、学校・家庭・地域の間に子どもの教育についての充分な支援・協力関係ができていることが必要です。新たな視点に立ったPTA組織のさらなる活用が望まれます。そして、「何を変えねばならないのか、何を変えずに守り通すべきか」を明確にすることが必要であり、また大切です。

② 小学校低学年では親や家庭と協力して道徳観を育み、基礎となる読み書きそろばん、宿題をやりおおせる習慣などをしっかりと叩き込み、高学年では専科教員制を導入して、子どもの旺盛な好奇心に応える必要があります。専科教員制の導入が難しい場合は、教員同士の授

業交換による補完を考えるのが良いと思われます。

③　教育大学の小学校教員の養成課程では、卒業研究対象の専門分野だけでなく、小学校の教員として必要な他のいろいろな分野の基礎的な素養を身につけさせることが必要です。

④　衣育、食育、住育の重要性に関心を払うべきです。例えば、地域社会の積極的な協力の下で、「人の心」が隅々まで通う、永い歳月を経た歴史的な建物などを、地域社会の支援・協力を得て保存し、伝統的な建造物が持つ潜在的な教育力、すなわち、住育の力を活用・伝承して子どもの教育に活かすように努めてください。このような視点から校舎建築を見直すことも必要です。

⑤　職員の定員増と給与の増額も含めて教員の待遇をよくし、優秀な人材を集めることのできる制度を構築し、さらに、教員が子どもと接することのできる時間、および自己研鑽の時間が保障された環境の整備に尽力してください。

家庭への提言

①　命の大切さを実感して互いが協力し合い、明るく元気に生きるための源は、家庭における親の愛情にあることに異論はないと思います。他人を理解することの大切さも含めて、まず大人や保護者が姿勢を正す必要があります。そして、親は一生懸命生涯学習に励み、子どもの手本となる努力をしてください。

②　祖父母をはじめとする高齢者は、その豊かな経験を子どもたちに伝えて情緒を育み、道徳

的能力を向上させるとともに、文化・伝統の継承に貢献することを自己の使命と考え努力してください。また、子どもたちが人生の先輩の言葉に畏敬の念を持って耳を傾けることのできる環境づくりにも貢献いただくことを望みます。

③ 常に、学校と家庭の良好な関係を保つ努力を期待します。保護者が家庭内で担任の先生の悪口を言うようなことがあってはなりません。

④ 仮にも、学校はお金を払って教育を買うところというような、損得勘定だけで学校と家庭とを結ぶ誤った考え方や関係を生じさせてはなりません。

⑤ 子育てのための親の再教育という視点に立った教育、いわゆる「親学（おやがく）」の構築を具体的に考え、実行してください。これは生涯教育の重要な一部門です。

地域社会への提言

① 地域社会は、勉強することそのものに価値があるという教育本来の意義をよく理解し、学校教育を支援してください。

② 地域は、学校と関わるときに「お客さん」の立場という発想から脱却し、「おらが学校」の意識を持って主体的に協力してください。若い母親が独りで子育てをしている場合など、世の中の先輩に当たる親などが支援できるようなシステムを地域社会に作ってくださることを期待します。

③ 学校教育の問題を制度の欠陥と学校・教員の教育能力のみに帰するのではなく、教育を市

民全員の責務と捉えて問題の解決を図ろうとすることが、民主主義社会に生きるものの使命であることを認識し、実行してください。

④　マスコミの在り方を真剣に議論し、マスコミ従事者が成熟した民主主義社会における教育問題解決の強力な支援者となる構図を創出し、機能させてください。

※本稿は、2007年7月22日、大阪府羽曳野市の国・登録有形文化財畑田家住宅で畑田家住宅活用保存会主催、大阪大学総合学術博物館協賛のもとに開催されたフォーラム「教育における学校、家庭、地域社会の役割」における、下記のパネラーのすべてと若干の一般参加者の発言をもとに、兵庫県立豊岡高等学校教諭渋谷　亘、畑田家住宅活用保存会幹事矢野富美子、大阪大学名誉教授畑田耕一が編集したものに、当日のパネラーが加筆して作成されたもの（初等・中等教育における学校、家庭、地域社会の役割　http://culture-h.jp/hatadake-katsuyo/bun29.html）を、許可を得て補筆改訂したものである。フォーラムのパネラーの所属あるいは職業を氏名とともに次に記す。元大阪府立大手前高等学校長緒方淳子、四天王寺学園高等学校教諭尾野光夫、羽曳野市教育委員会参事川﨑　徹、八尾ニューモラル生涯学習クラブ木村千代子、姫路工業大学名誉教授三軒　齊、兵庫県立豊岡高等学校教諭渋谷　亘、大阪大学理学部教授・大学教育実践センター長高杉英一、大阪市立長吉小学校教諭竹下哲生、臨床心理士中林邦夫、大阪市立池島小学校教諭林幸子、大阪府教育委員会文化財保護課主査林義久、羽曳野市教育長藤田博誠、大阪大学教授・留学生センター長古城紀雄。司会は畑田耕一が担当した。以上の方々の所属・職業・官職名等は、フォーラム開催当時のもので

あることをお断りします。

※[1]渋谷　亘は兵庫県立豊岡高等学校教諭、[2]畑田耕一は大阪大学名誉教授

第8章　キャリア教育の推進

―職場体験学習を考える―

[1]畑田耕一、[2]関口　煜、[3]岡本　博、
[4]船曳裕幸、[5]北村公一、[6]村司辰朗、
[7]久保田拡鑑、[8]渋谷　亘

1　職場体験学習とは

(1)　職場体験学習のこれまでとその目指すところ

文部科学省は、キャリア教育（参考文献1、2、3）推進の際の重要課題の一つとして職場体験学習（参考文献4）ならびに就業体験学習（インターンシップ）に取り組んできました。平成17年～20年の4年間は、キャリア教育に関する総合的調査研究者会議の答申に基づいて、キャリア・スタート・ウィークを設け、この教育活動の推進に努力し、その後も、重要課題に位置づけています（参考文献5）。学習指導要領には、年5日間の職場体験学習（中学校）、または就業体験学習（高等学校）を行うことが記載されています。キャリア教育は、単に生徒に地域社会の職場での実体験をさせることではありません。その根本目的は、生徒一人一人の社会的・職業的自立に向けて必要な基盤となる能力や態度を養わせることです。具体的には、生徒が学校教育では味わうことができない体験を様々な形で学び取り、それをその後の生活・人生に貴重な経験の一つとして生かす努力をすることなのです。教える立場の教員も、受け入れ側との交渉も含めて職場体験学習のいろいろな過程で、視野を広げ自らの社会的・職業的能力や態度を向上させて、その成果を子どもの教育に生かすことが可能になります。また、受け入れ側にとっては、学校教育への単なる社会奉仕的活動としてだけではなく、日頃疎遠になりがちな学校教育を考える絶好の機会となるのです。まさに学校教育と社会教育の理想的な融合の形です。上手に運用して教育の質を高めることが、学校を含めた地域社会の使命の一つともいえます。

さらに、生徒に学校の授業で学習する内容が実社会でどのように有効に活用されているのかを実体験させることで、学校の授業と実社会の生活との関わり合いを認識させて、授業での学習意欲を一層高め、学習効果を上げることも職場体験学習の目標の一つです。

教育振興基本計画（平成20年～24年）（参考文献6）にも小学校、中学校、高等学校における国の重要課題の一つとしてキャリア教育が盛り込まれています。また、中央教育審議会は平成23年1月31日の第74回総会において、「今後の学校におけるキャリア教育・職業教育の在り方について」の答申（参考文献7）を取りまとめています。この答申を受けて、キャリア教育における外部人材活用等に関する調査研究協力者会議が立ち上げられ、キャリア教育に関して外部人材を導入するに当たっての学校・教育委員会における態勢づくりや活用方策、ならびに職場体験・就業体験学習の効果的な活用等、キャリア教育を推進するための教育委員会等における組織・態勢の在り方などが討議されています。なお、上記答申の34～35頁には「体験的な学習活動の効果的な活用」についての記載があり、職場体験学習の趣旨、効果、問題点などが具体的に記されています。また、筆者等の経験では、出前授業と職場体験学習を上手に組み合わせると、両者の効果を高めることができます。（2節の(5)参照）。

現在、中学生の職場体験学習は、ほとんど全ての公立学校で2年生全員を対象として実施されています。ところが、残念なことに、高校生の就業体験学習はあまり効果的には実施されていません。特に、普通科でその傾向が強いのです。その理由の上位三つは、授業時数の確保が困難、受け入れ先の確保が困難、必要性を感じない、であるということです（文献７の１５８頁参照　http://www.mext.go.jp/component/b_menu/shingi/toushin/__icsFiles/afieldfile/2011/01/31/1301878_5_1.pdf）。

高等学校の就業体験学習（インターンシップ）の目標は、職場での体験を通して社会を知ることを目標とする中学校の職場体験学習に対して、生徒自身が将来進みたいと思う分野の職場を知ろうとすることです。就業体験とは自分が将来その職に就くと考えられる職場での体験という意味なのです。それで、商業高校や工業高校あるいは看護師志望の生徒の場合などは実施しやすいのですが、普通科で大学進学を希望している生徒の場合の大部分は長い期間の就業体験はいろいろな意味で行いにくく、近隣の企業や県庁・市役所などでの半日程度の職場体験をもって就業体験としている場合が多いと聞きます。大学進学を希望している生徒が大学の研究室を訪問・見学したり、大学の授業に参加したりするのは就業体験学習としては認められないようですが、特定の大学と高校間で協定が結ばれている場合には、高校生時代に参加した大学の授業の単位が大学入学後に大学の授業単位として認定されることがあるようです。専業主Housekeeperを目指す人の就業体験学習は自分の家を職場として行うことができます。専業主婦または主夫は家事と育児を仕事とする職業であるとする考え方があります。この考えを是とするのであれば、主婦または主夫を希望する生徒は自分の家で十分な就業体験学習を行うことができるはずです。就業体験学習の本質と意義を具体例と関連づけて考え直す必要があると思います。

職場体験学習実施のきっかけは兵庫県で生まれました。阪神・淡路大震災の後で人びとはいろいろな助け合いやボランティア活動を体験しました。その大切さを風化させずに、地域に根ざした形で引き継ぐことが重要であるという教訓を得た兵庫県が、人間教育の視点に立った新たな防災教育を推進していくなかで、「生きる力」を育む教育を目標として、県下のすべての公立中学2年生を対象にして体験学習「トライやる・ウィーク」を1998年に始めました（参考文献8）。これが全国に広まったのです。兵庫県では、小学校5年生を対象とする5泊6日の体験学習である自然学校が1988年に導入され、1991年から県下の全ての小学校で実施されていたという実績があり、中学校2年生の職場体験学習も円滑に進行したと考えられます（参考文献9）。ただ、職場体験学習が全国に普及してから、かなりの年月が経過しているので、一度見直しの必要があるという意見も出始めています。この点については3節で触れたいと思います。

(2) 職場体験学習はどのようにして行われるか

職場体験学習のカリキュラム上の位置づけは、総合的な学習の中で行われていることが多いようです。その実施は、受け入れ先の確保に始まります。生徒に第一希望から第三希望までの希望を聞いて、それにできるだけ合致する受け入れ先を探す方法、あるいは、生徒に受け入れ先の候補を提示して、希望を聞いて調整する方法が一般的です。いずれにしても、生徒の希望を完全に満たすだけの受け入れ先の確保は不可能なので、第一希望で参加した子どもは生き生きとして学習するが、第三希望で行った子どもは意欲が低く、受け入れ側と問題を引き起こすようなこともあるという話も耳にします。

実施の約3か月前に生徒と保護者を集めて説明会をしたうえで、自分たちで受け入れ先を探させて、保護者が了解を取ったうえで学校に報告させるという方法をとっている学校もあります。このような場合は、学校の指導が徹底しておれば、前述のような問題は発生しませんが、このような学校が増えてくると、受け入れ側の生徒からの問い合わせに対応する仕事の負担が大きくなる可能性があります。

職場体験学習の現在の受け入れ先は、保育所（園）、幼稚園、小学校、大学、図書館、社会福祉協議会、デイサービスセンター、消防署、日本郵便株式会社、体育館、プール、公立病院、医院、動物病院、百貨店、飲食店、販売業（スーパーマーケット、生活協同組合、書店、電器店、ガソリンスタンド、スポーツ用品店、花屋）、ホテル、スポーツクラブ、美容院、自動車修理店などであります。少し変わった例としては、遺跡発掘や土器の修復作業というのもあります。

また、受け入れ先確保のための協力依頼が、教育委員会または職場体験学習推進のために特別に設置された委員会より、ＰＴＡ連合会、青少年健全育成協議会、商工会議所、社会福祉協議会、民生委員児童委員協議会、ロータリークラブ、ライオンズクラブ、私立幼稚園連合会、消防署、日本郵便株式会社などに対してなされています。ごくわずかの市町村を除いて、学校側は受け入れ先の数の確保にかなり苦労しているのが実情であります。受け入れの可能な企業や団体は、学校または教育委員会にその旨を伝えて協力していただければ幸いです。その際、関西キャリア教育支援協議会の「小・中・高校生職場体験学習受入れの手引き（企業用）」（参考文献10）が参考になります。

全員の受け入れ先が決まれば、事前学習が行われ、朝受け入れ先に到着してから、その日の学習が終わるまでの心構え、姿勢、身のこなし方など学習の仕方を、挨拶・会話の仕方なども含めて、教員の指導のもとに学習することとなります。ここで体験学習中の作業日誌のつけ方の指導も行われるのが普通です（1節の(3)参照）。事前学習でなぜそこを選んだのか、そのきっかけは何か、何を学ぼうと期待しているのか、を生徒自身に明確に認識させておくことは重要です。生徒たちが事前に受け入れ先を訪問して、自分たちの学習の意図・目標を充分に説明しておけば、生徒と受け入れ先両方の充分な動機づけができるはずです。職場体験学習の効果が上がるか否かは、生徒のやる気、学習意欲にかかっています。生徒が高い学習意欲、目標と好奇心をもって臨めば、どんな受け入れ先でも真摯に対応して下さることは間違いないと思います。教員は、この点を、事前学習で生徒に充分に理解させて欲しいと思います。事前学習で生徒を指導する教員の大部分が学校以外の職場での経験が全くなくては充分な指導ができないのではないかという意見があります。可能な範囲で教員が生徒と一緒に職場体験に参加するのも一つの方法です。

体験学習が終わった後の事後学習では、グループごとに自分たちが何を学んだかをレポートとして提出させて、それを学年集会などで発表をする時間が設定されています。各生徒、またはグループが壁新聞的報告を作って廊下に張り出して意見交換の助けとすることもあります。また、生徒がレポートをもって受け入れ先にお礼に行くか、お礼状を送るのが普通です。まじめな生徒が異口同音に言うのは、学校生活では経験できないが、社会に出てからはしなければならないことを中学の時点で経験できてよかったという意味のことです。これは職場体験学習の大事な効果の一つです。

ただ、もっと大事なことは、楽しかった、嬉しかったとか、しんどかったけど楽しかったというような言語ばかりが羅列された感想の発表に終わらせないことです。「パン工場でパン作りを体験して、しんどいけれど楽しかった」というようなレベルで終わらせるのではなく、例えば、病院で医者や看護師が自分たちの仕事の本質をどのように理解して、それが最大限に患者の役に立つためにどのような仕事の仕方をしていたか、工場では作業員が正確で安全に作業をするために、どのような手順で作業をしていたか、という職場の仕事の本質とそれを社会に役立てるための仕事の仕方・手順・段取りを生徒がどれくらい理解し学びとってきたかが重要なのです。さらに言えば、生徒が自分の職場体験での一時の体験をよく理解し価値を判断してその内容を自分のものにして自己を変革し、自身を豊かにし、それに基づいて社会をも豊かにできる能力を、職場体験学習を通してどれだけ向上させたかということが大事なのです。ひとことで言えば、職場体験学習での体験を、体験のままにせずに、経験に置き換えることができているかということになります。ここでいう経験とは体験あるいはその集積を通して得られるより一般的で広い範囲に適用可能な知識や技能と理解して下さい。体験を経験に変える過程では熟達した教員の指導・支援が欠かせないのは言うまでもありませんが、家庭の親たちの助力も得たいところです。また、子ども同士の意見交換もお互いの経験をより豊かにするのに大いに役立つはずです。子どもたちを素晴らしい社会人に育て上げるために、三者の緊密な連携をお願いしたいところであります。職場体験学習の終了後に、生徒の報告書を基にして生徒、教員、受け入れ側の三者がじっくりと話し合うのは体験を経験として定着させるのにも、以後の職場体験学習のあり方を考える上でも、大いに役に立つと思います。その効果的な実行を期待しております。「吉田パン　地味な仕事が　隠し味　立ちっぱなしで　体バリバリ」は職場体験学習を終えた豊中市立第五中学校2年生大山鉄馬君の短歌であります。この作品が体験を経験に変えていく思考過程で生まれたものであれば、そのような思考の仕方を将来に生かして欲しいと願っております。

体験を経験に変えるというのは、先にも述べたように、自分が自分以外の人と話しをしたり、何らかの形で関わったりすることによって得た知識や考え方などを充分に理解し自己の価値判断を加えて自分のものとし、自分を豊かにしていく自己変革の過程であります。自己変革の結果を自己の中だけに留めておくのではなく、自身の変化を周囲の人達を通して社会に及ぼして、社会変革に繋ぐのが人間の存在意義であります。経験の蓄積は、このように、外から内へ、内から外へという二方向の相互作用による情報伝達ならびに各個人の特定の規準に基づく判断力を伴う理解力に関わるものであって、その根底を支えている力は想像力です。これは自分以外の人への言行を自身の規準によりそれまでに蓄えた知識・経験をもとに想像力を働かせて判断するという道徳的能力を発揮する過程ときわめてよく似ています。職場体験学習は子どもたちに貴重な経験を積ませる機会であると同時に道徳的能力の根本である想像力を向上させる機会にもなっていることは間違いありません。

(3) 職場体験学習の実例

職場体験学習に参加した中学生の職場での学習の仕方は職場の種類のよって多様です。先ず、文部科学省編集「中学校職場体験ガイド」の第5章に、事業所が作成した体験プログラム例として紹介されているスーパーマーケット、部品製造工場、幼稚園での実例（参考文献11）を下に示します。

	スーパーマーケット	部品製造工場	幼稚園
1日目	オリエンテーション （安全確認等）店舗内案内 挨拶、接客マナーの講習 清掃　在庫整理 1日の振り返り（反省会等）	オリエンテーション （安全確認等）社内案内 製品、製造工程の説明 挨拶、態度、返事の指導 商品取り扱い、留意点指導 1日の振り返り（反省会等）	オリエンテーション （幼児理解の仕方等）園内案内 担当教諭の紹介 受け持ち学級の観察 遊び(粘土)の指導補助 清掃・教材準備 1日の振り返り（反省会等）
2日目	安全確認・清掃 在庫整理　商品パック詰め 作業　ラベル貼り作業 1日の振り返り（反省会等）	安全確認・清掃 製品の箱詰め作業 出荷準備の手伝い 1日の振り返り（反省会等）	打合せ・幼児の観察 絵本の読み聞かせ体験 昼食指導　遊び(お絵かき)の指導補助 清掃・教材準備 1日の振り返り（反省会等）
3日目	安全確認・清掃 品出し作業 商品パック詰め作業　商品チェック 作業　レジのアシスタント 1日の振り返り（反省会等）	安全確認・清掃 製品の箱詰め作業　製造工程作業 1日の振り返り（反省会等）	打合せ・幼児の観察 製作活動の指導補助 昼食指導　行事（お誕生日会等） 補助　清掃・教材準備 1日の振り返り（反省会等）
4日目	安全確認・清掃 商品チェック作業 接客　レジのアシスタント 棚卸し作業 1日の振り返り（反省会等）	安全確認・清掃 製造工程作業 1日の振り返り（反省会等）	打合せ・幼児の観察 歌、ゲームの指導補助　昼食指導 清掃・教材準備 ミーティング参加 1日の振り返り（反省会等）
5日目	安全確認・清掃 品出し作業　レジのアシスタント 接客 5日間の振り返り（感想、挨拶等）	安全確認・清掃 製造工程作業 製品チェック作業 5日間の振り返り（感想、挨拶等）	打合せ・幼児の観察 絵本読み聞かせ体験　遊び(積み木) の指導補助・昼食指導　お別れ会 5日間の振り返り（感想、挨拶等）

標準的なプログラムとして受け入れ先に参考にしていただけると思います。

また、左記には、筆者の一人畑田の所属する豊中ロータリークラブの会員の関係する受け入れ先での実例と特徴・問題点を簡単に紹介させていただきます。

◎**産婦人科医院**（女子生徒3名、3日間）入院患者の了解を得て、次の事項に立ち会い、または実体験をさせます。

1日目　当日の看護師と夜間勤務の看護師との間で行われる申し送り、病室・トイレその他の場所の清掃、患者の一般状態（検温・血圧測定など）の観察、新生児の授乳、産婦（お母さん）の授乳の手伝い、新生児の一般状態の観察、食事の配膳、当日のレポート作成（約1時間）

2日目　1日目の項目に次の2項目を加えました。

陣痛が来ている妊婦に付き添って陣痛を和らげる呼吸法を一緒に勉強、分娩に立ち会ってお産の感動を味わう

3日目　新生児の沐浴の見学と手伝い、授乳と調乳方法（ミルクの作り方）の学習、母親の乳房マッサージの仕方の勉強、母親教室にこれからお産をする妊婦と一緒に参加、最終レポートの作成

◎**お寺**（男子生徒4名、2日間）

お勤め（お経の練習）、法話（命のありがたさ、将来の夢を語る）、ヨガ（呼吸法）、清掃（本

堂の清掃、廊下の雑巾がけ、便所掃除、落ち葉拾い、草ひき）、昼食（お茶の入れ方、茶の心）、書道（写経、個人の願い事を書く、色紙に卯の字を書く）、会議の案内状の発送作業の手伝い

◎**建築会社**（男子生徒1名、4日間）

社長講話（社会人としての責任と義務、集団・社会のしくみ、企業の役割・経営方針、社員の役割・人材の活用）、総務部（電話対応、接客、庶務など）、建材部（倉庫業務、建材業務）、製造業務（生コンができるまで）、試験業務（工場内での品質管理、現場での品質管理）、輸送業務（バラセメント車またはミキサー車に同乗して現場へ）

◎**大学基礎工学部**（3名）

各大学から来る大学院募集要項の整理、留学生相談室の事務的な仕事、清掃、留学生との交歓と彼らの研究室でのコンピューター技術の学習ならびに来学記念品の製作

◎**大学文学部**（1名）

研究支援室（学生自習室の窓口業務、図書室業務など）、教育支援室（コンピューターの使える生徒であったので、図書の整理、写真の整理など）

◎**市民病院**

1日目　市立豊中病院の概要説明と施設・設備の見学、病室の整理整頓、食事の配膳、患者の沐浴などに関する看護師業務の補助員の仕事の観察と部分体験

2日目　院内清掃、防災センター体験と外来自動精算機業務補助、分娩室・新生児室見学

3日目　薬剤部・栄養管理課・病院管理課管理係業務補助、感染ゴミ処分立会い、および反省会

◎**ホテル**（3～5名）

左記のような項目の見学および補助的仕事に従事してもらいました。

客室の清掃、シーツの交換、食器磨き、宴会の部屋の準備、ホテル併設のスポーツジムの受付、清掃、プールの監視業務などの補助

これらのうち、お寺と建築会社は単なる職場体験に留まらず、キャリア教育の領域に踏み込んで受け入れていただいていることが伺えます。病院やホテルの場合は、その仕事の性格上、見学あるいは補助的な業務になるのはやむを得ませんが、進め方次第でかなりの効果を上げることができると思われます（2節の(1)参照）。大学の場合は、最初に仕事の内容についての説明を受けた後は、ほとんど自身の判断で行動し、しかも、その職場の状況をある程度体験・体得できるような仕事があり、大学は多くの人に支えられた国際的な教育・研究の場であること

を生徒が実感して帰るようです。特に、基礎工学部の場合は、留学生との交歓が単に異国の文化に触れる機会になるだけではなく、親しくなった留学生の研究室で彼らの研究内容に触れる機会も得られるという二重の効果が上がっております。中学生にとっては貴重な体験と言えると思います。

2 職場体験学習の教育効果

(1) 学校・教員の受け入れ側への希望

今、子どもたちの世界はかなり視野の狭いものになっています。地域社会の人たちとの付き合いもあまりなく、家庭の中での子どもの役割もほとんどなく、親との会話すらあまりなくて、ひたすら試験のための勉強ということが多いようです。自分の親が社会でどのような役割を果たしているのかを知る機会もほとんどないのが実情のようです。子どもたちが接する人たちの年齢や立場が均質化しているともいえるのかもしれません。このような状況にある子どもたちが、職場体験学習で学校の外の社会を体験することの意義は大きいと思います。学校の中でしか通用しない学力を真の学力と錯覚し、人の言う通りにしか物事ができない、過去の問題しか解けない、自分で新しいアイデアも生み出せないというような人間は社会に出るとあまり役に立たないということを職場体験学習で子どもたちに自覚させることができれば、その意義は大きいと思います。ラジオを自分で作るということと、キットを使ってラジオを組み立てるというのとは、全く意味が違うということを、子どもたちは知らなければならないのです。

また、逆に、学校のカリキュラムの中ではなかなか自分を発揮できない子どもたちが、職場体験学習の中で、自分にはこんなことができる、自分も社会の役に立てるということを学んで帰って来ることもあるようです。学校教育が子どもたちとその保護者だけのことしか考えない小さな世界に閉じこもるのを防ぐためにも職場体験学習は役立っているのです。

どのようなレベルの子どもであっても、それが自己の能力や社会の状況から考えて可能かどうかは別として、将来に夢を描くものであります。自分の夢の全てが実現不可能であると子どもたちが考えた時、教育はその活力と効果を失ってしまいます。子どもたちに夢を与えるのは教師の役目ではありますが、職場体験学習はこれを強力に支援する存在であって欲しいと思います。子どもたちが職場は厳しいが楽しく仕事ができるところであるという印象をもって学校に帰ってくることができれば幸いです。

ホテルなどの接客業や病院など職場によっては、1節の(3)にも述べたように、生徒を本来の業務に参加させることがほとんど不可能で、見学に終わってしまうところもあります。そのような場合でも、受け入れ側が時々生徒の意見を聞いたり、生徒に質問の機会を作るなどいろいろな工夫をしたりすることによって、本当の職務に参加したのに近い効果を上げることは不可能ではありません。受け入れ側は、これが可能になるかどうかは、自分たちと生徒の意欲と姿勢の問題であることをご理解いただきたいと思います。

(2) 受け入れ側の意見

職場体験学習は職業の意味や職業を通して社会に奉仕することの意義を生徒に知ってもらう機会を提供するもので、生徒が道徳の根本である想像力を養う機会でもあって、やりがいのある仕事であると考える受け入れ先が多いのは喜ばしいことです。ただ、本来の職場体験学習の狙いを実現させるためには、受け入側にも本気の取り組みが必要で、担当者は、昼間は生徒につききりになるので、自分本来の仕事は深夜まで残業してこなすようなことになってしまい、かなりの過重な労働を強いられることになります。一方、3日間という期間は職場体験学習の目標達成には不十分という意見もあります。このような問題は、教員と受け入れ側が生徒の意見も聞きつつ、少しずつ改善・解決していかねばなりません。

職場体験中に生徒が物を壊すなどの事故を起こした時の補償の問題、生徒の数は何名ぐらいで奇数、偶数のどちらが良いのか、あるいは、ホテル、病院、機器の組み立て工場など職場によっては実務よりは見学が多くなる場合の学習の進め方などは、事前に教員とよく協議しておきたいという受け入れ側の要望はかなり強いようです。また、お茶の入れ方、掃除の仕方など本来家庭教育・学校教育に関わることを職場体験に持ち込まないで欲しいという意見もあります。大事なことは、職場体験学習は、生徒が社会の現場を実体験することで自分の一生の仕事について真剣に考える機会であるという根本原理を学校、受け入れ側、生徒の三者がよく理解したうえで実行に移すということです。たとえば、オートバイの組み立て工場で、組み立てラインを見学した後ででき上がったオートバイを分解して再組み立てをするというような工夫が行われても、単に、「日頃体験することのできない学習ができてとても楽しかった」だけに終わってしまうか、本当の職場体験学習としての効果を上げることができるかは、まさにこの三者の真剣度、特に学校と生徒の真剣度に掛かっているといっても過言ではありません。受け入れ側が学校と生徒に強く望むところです。

(3) 職場体験学習の効果を上げるために

ここまでに述べてきた内容をふまえて、職場体験学習の効果を上げるのに有効と考えられる方策を考えてみたいと思います。職場に来て、単に職場の雰囲気を体験させるだけでは、職場体験学習の目的は達成できません。職場体験学習の目的・内容・計画について、学校と受け入れ側が真剣に議論する必要があるのは間違いありません。たとえば、2節の(2)にも述べたように、受け入れ先にとって、生徒数は何名が良いのか、人数は奇数と偶数のどちらが良いかというようなことも、あらかじめ、よく協議しておく必要があります。事前学習も含めて、事前の準備が極めて重要です（1節の(2)参照）。

子どもたちは職場の実務の直接体験を希望しますが、これは困難なことも多いのが実情です。例えば、中学生は小学校で6年間の学習体験があるわけですが、それでも小学校で先生体験をさせることはかなり難しいのは事実です。でも、大事なことは、先生の授業と生徒の学習の見学を通して学校体験をさせること、すなわち、学校での先生の仕事と生徒の学習の根本原理を総合的に学習させることです。それができていれば、大学で留学生との交流をきっかけに研究の仕事の一部まで体験できることもあるのです。たとえ、それが稀な例であったとしても、です（1節の⑶参照）。このようなことを、生徒にも受け入れ側にも事前によく理解しておいて貰えば、たとえ実体験ができなくても、それに近い効果を上げることができるはずです。小学校で、中学生に先生体験をさせるのが絶対に無理という訳ではありません。第二次世界大戦中の小学校の先生の大部分は、現在の高等学校1年生の修了者に当たる高等女学校の卒業生でした。筆者の一人畑田も3年間お世話になりました。

学習期間は、文科省の指導要領の通り5日間は必要との意見がある一方で、それでは受け入れ先が減少するし、学校の授業時数が確保できなくなるという意見が強いのです。学校が受け入れ先とともに、真剣に討議するべき問題です（2節の⑵参照）。

昔は家庭教育と学校・家庭・地域の連携が十分取れていたので職場体験学習は不必要であったという意見があります。現在の社会の状況を昔に戻すことはかなり困難ではありますが、受け入れ先が本当にやらねばならないことだけに注力できるよう、保護者は家庭教育の充実と地域との連携強化に努力して欲しいと思います。たとえば、お茶の入れ方、掃除の仕方などの学習は家庭教育、学校教育でもできることです（2節の⑵参照）。従来、日本の学校・大学の教科書には実生活との関わりについての記述があまりありませんでした。最近はかなりの努力が払われているように思いますが、この点をもう少し改善すれば、キャリア教育の実をあげやすくなるのではないでしょうか。良い学校に行かなければならないという高校受験のことだけで頭が一杯で、願い事を書かせると全員が志望校合格と書くような中学生に、先生の言われたことを丸暗記するだけでなく、創意工夫をする習慣をつけるためにも、職場体験学習は有効であるという意見はよく聞きます。ただ、この問題の根源はむしろ学校教育と進学試験の中にあると考えた方がよさそうです。中学3年生に「分子とは何か」と聞くと、かなりの数の生徒が「原子で構成されているもの」と教えられたと答えます。でも、これで分子の本質が理解できるのでしょうか。「分子とは物質を構成している目には見えない最小の粒子」と教えた方が理解し易いのではないでしょうか。ある小学校で、「分子を知っているか？」と聞いたら「物を作っている小さなツブツブ」という答えが返ってきました。この方が分子の本質に近いのは間違いありません。日本の教育は、そしてあえて言えば、日本国民は、物事の本質・根本原理を理解させる、あるいは、する努力を怠っているのではないでしょうか。この点の教育的解決が、むしろ職場体験学習の前に必要なことであると言ってもおかしくはありません。

最近、職場体験学習が若干形骸化しているという意見は、根拠のないものではありません。何事もそれが将来にどういう効果を齎(もたら)すかということを良く考えた計画を立て、実行後の効果を詳しく検証するという方法をとらないと、長く継続するうちに、本年も実施したという、単なる証拠作りに陥ってしまうことがあります。職場体験学習推進の掛け声が、その轍を踏まないためにも、職場体験学習の本質・根本原理を生かすにはどうすればよいかを、受け入れ先、教師、保護者が一緒になって真剣に考える必要があります。その際、この学習を真剣に行った生徒の意見を良く聞いて参考にすることを忘れてはなりません。次の(4)をお読みください。

(4) 子どもたちの反応

先ず、小学校で職場体験学習を行った生徒の感想文を読んでみましょう。「最初の日は学習発表会の準備でした。子どもたちの劇や歌うたいは皆真剣にやっていて、思わず鳥肌が立ってしまいました。その後は、放課後の子どもクラブ、そこでは子どもたちが私たちの方に走ってきて、『何して遊ぶ?』と聞いてきたので嬉しかったです。先生たちの授業では、実際に授業を受けているのと授業を外から見ているのとは少し違って、何か変な感じがしました。でもどの先生も真剣に子どもたちに教えているのを見て、私ももっと真剣に授業を受けようと思いました」と綴られています。小学校教師の姿勢を見て、3日間の体験学習を終えて中学校に戻った時に、自分がどういう姿勢で学んでいくべきかを、この生徒は職場体験学習で学んだことになります。

また、少なくとも5才以上差のある子どもたちから、慕われているという喜びをかみしめ、自分に務まるかな、やれるかなとドキドキしながら来ていた中学生が、ある種の達成感、充実感を持って学校に帰ってくることができる、これは職場体験学習の持つ大きな教育力です。また、別の生徒は、「教師の仕事は勉強を教えるだけでなく、いろいろな行事の時に皆が安全に楽しく過ごせるために学校の周りを清掃したり、行事の準備をしたり、大変な仕事だと思いました。先生は子どもたちのためにいろいろなことを考えたり、悩んだりしておられることも分かりました。この先生方はすごい人たちやなぁとあらためて思いました」と記しています。職場体験学習に参加して初めて教師の立場が少し理解できて、繋がり感、信頼感が生まれたと言えます。このような経験は間違いなしに授業を大切にする心に繋がります。子どもたちが、このような経験を身につけることのできる姿勢を持って職場体験に臨めるような事前授業をお願いできれば大変ありがたいと思っています。

前にも述べたことですが、自分の強い希望でその職場に来たかどうかが体験学習の成果に繋がる大きな要因であることは間違いありません。子どもたちが、やる気をしっかり見せてくれていれば受け入れ側も力が入ります。しかし、このような状況を100％達成するのが不可能なのも事実です。中学生の時に兵庫県の5日間のトライやるウィークに参加した高校生の「職場体験学習は一体何になるのかなと思いながら行ったが、実際に行ってみると結構良かった。自分は、あまり知らない人と喋るのが苦手だったが、職場体験ではきっちりと喋れて、自分もこんなふうに喋ることができるのだと分かり、意識が変わった。また、良かったと思うことは、普段の生活を振り返る機会になり、家事手伝いもこれからはしようと思うきっかけになった」という意見は、最初あまり積極的な気持ちを持たずに参加した生徒でも僅か5日間で自己変革に役立つ何かを得て帰って来ることを教えてくれます。また、「いろいろな選択肢の中から公園での大道芸を選んだ。昔からお手玉が得意だったので、三つの物のジャグリングを練習して、もう大丈夫と思って、皆の前に出たら、すごい緊張で最初は失敗してしまった。最後はなんとか成功したが、後で大道芸人の人に聞いたら、どんなに緊張しても体が勝手に動くぐらい練習して、それでも失敗したら、それをネタにしてしまえと言われた。専門家は、すごい練習をして、失敗したときの段取りまで、事前に考えているのだなと気がついて、学校での予習の意味が良く分かった」という文章からは、この生徒が、先に述べた体験による自己変革を行い、体験を経験に変える過程を進みつつあることが分かります。

一つ気をつけて欲しいのは、職場体験学習を終えた生徒の不用意な発言が個人情報の漏洩を引き起こすことがあるということです。たとえば、小学校に行った中学生が自分の友達に「君の弟が授業中に先生に怒られていたよ」という類です。細心の注意を払うことが肝要です。

次頁の表に職場見学（小学校）、職場体験学習（中学校）、就業体験学習（高等学校）を体験した生徒の感想（参考文献12と13）を記します（◆印が文献12、◎印が文献13）。職場体験に積極的に取り組んでいる生徒のいることがよく分かります。

「中学生や高校生の多感な時に学校の中だけでは広がりがない。体験学習は学べることがとても多く、子どもたちの人間的成長を図るためにも今後も続けたいと思う。学校のカリキュラムで自分を発揮できない子が職場体験でいろいろなことを学んできている。解決するべき課題は、学校側が企業などに受け入れを頼むのがかなり大変なのと、物を壊したりすると次年度から受け入れてもらえないこと、また、保護者から何のためにやっているのか分からないというようなクレームがあることである」という教員の意見（参考文献13）は職場体験の問題点を適

小学校	中学校	高等学校
◆いっぱいおもしろいものをみて楽しかった。 ◆いつも私たちをまもってくれてありがとう。 ◆大きくなったら、私も看護師さんになりたいな。 ◆お店で働いている人は、みているよりずっとたいへんだな。 ◆いろいろな仕事を見て、夢がまた増えました。 ◆うちのお父さん、お母さんの仕事もたいへんだなと思った。	◆仕事の厳しさや楽しさを知り、働くことの大切さを感じた。 ◆親やまわりの大人たちがとてもがんばって働いていることに感心しました。 ◆コミュニケーションの大切さを知りました。 ◆学校での勉強が大事だということがよくわかりました。 ◎近くの幼稚園に行って、この仕事はしんどいけれど楽しいと思った。事前にあいさつに行ったり、後から感想を持ってお礼に行くなど、学校では出来ないことが経験出来て良かった。 ◎あちこち何回も電話して、自分で小学校を選んだ。最後までやる気を失わず頑張った。先生から子供の教え方について意見を聞かれることもあって大人と交わる良い機会になった。	◆将来なりたいと思っていた仕事だが、自分に向いてないと実感した。 ◆学び続けることの大切さを知り、これからの進路決定に役に立った。 ◆企業努力の大切さと現実の厳しさを実感した。 ◆部下に指示をだす場面をみて、部署の人間関係の大切さを感じた。 ◎学生が勉強と就職を別に考えているようでは勉強の動機づけが希薄になり、将来の目標の無い若者が増えて国が滅びる。高校や大学でのインターンシップは必須である。

切に総括するものです。特に、この意見の前半部は職場体験の受け入れ側にとって強い励みになると思います。一方、ケーキ屋さんに行くと、デザートにケーキが出て、お土産に余ったケーキを持って帰ることができる、小学校に行くと給食費197円を払わなければならない、というような話が子どものなかで流れていて、受け入れ先の選択に影響することがあるといいます。このようなことは、つまらぬことと無視せずに、教師と親・保護者が適切に対処をしておくべき事

柄の一つです。

(5) 企業や専門家の関わる団体による職場体験の支援

ロータリークラブのような企業の責任者や専門家で構成される団体が職場体験学習担当者あるいは小委員会をおいて、職場体験学習の実行を支援していただければ、この制度の運用がより円滑になるのは間違いありません。その際は、次の項目に留意して頂ければ幸いです。

①団体の中に担当者をおいて、教育委員会の担当者、あるいは地域の中学校・高等学校の教員とよく話し合い、当該市町村での職場体験学習の状況をしっかりと把握する。

②①の結果に基づいて団体内で受け入れ先を募り、受け入れを申し出た団体の会員と学校、あるいは教育委員会担当者との連絡・職場体験学習実施が円滑に進行するよう調整する。

③もし可能であれば、職場体験学習と出前授業を組み合わせて、両者の効果を高める。例えば、職場体験学習の前に、受け入れを決めているロータリークラブの会員（最高で10人ぐらい）が一緒に学校に出かけて行って、それぞれが10分ぐらい自分の仕事の話を生徒や先生にしたうえで職場体験学習を受け入れることにすれば、非常に効果が上がったという報告がある。小学生の古民家探訪の前に、家の持ち主が古い日本住宅における生活の工夫について出前授業をして、日頃あまり経験することのない環境の見学の効果を上げようとするのも同様な試みである。（国際ロータリー2660地区2011-2012年度研修委員会編「ロータリーの心と実践（2012年版）」、19ページ参照）

④団体内で年数回、職場体験学習について話し合う機会をつくり、会員の体験学習への認識を深める。
⑤会員の知り合いを通じて、職場体験学習受け入れ先の増加に努める。

3 職場体験学習のこれから

1節の(1)でも述べたように、阪神・淡路大震災（平成7年）と神戸連続児童殺傷事件（平成9年）を経験した兵庫県が「心の教育」を充実させるために平成10年度から公立中学2年生を対象とした1週間の職場体験学習「トライやる・ウィーク」をはじめました。その成果を踏まえて、文部科学省では平成17年度から中学校における職場体験活動を全国に普及させました（参考文献8および14）。その効果と評価の分析についての中間報告には、①職場体験学習は親を「仕事をしている大人」として再認識するきっかけにもなること、②その親や家族をはじめとする周囲が体験学習をどのように位置づけるかが、この学習の効果発現の重要な要素であること、③「トライやる・ウィーク」での経験を自分の子どもにも体験して欲しいと思う体験者がいることから、この学習が世代を超えて繋がっていく体験学習になり得ることが述べられています。また、体験者が体験学習の際の特定の職業に対する認識をその後の時間経過の中で再解釈して視野を広げるきっかけとしてとらえていることが推測できること、すなわちこの体験学習が1節に記した「職場での体験を通して社会を知る」あるいは「学習での体験を経験に変える」という中学校における職場体験学習の目標を見事に達成していることが述べられていま す。さらに、多くの生徒が体験の内容について家族で話し合っていると答えていることから、「家族との絆を深めたり、家族について考えたりする機会」にもなっていることが報告されていま す（参考文献９）。

これらのことから考えて中学生の職場体験学習は人を作るという教育の基本的目的にかなう重要な教科であるとともに、家庭や地域の教育力を引き出す絶好の機会でもあることは間違いありません。その反面、平成17年の発足以来、年月を経過して、先にも述べたように、ただの年間行事の一つとして扱われるようになっているという声も囁かれています。日本の教育に関しては、これまでいくつかの改革が試みられましたが、例えば公立高等学校授業料無償化制度（平成22-25年度）のように顕著な効果を上げないままで廃止されたものがあります。そんな中で、職場体験学習だけは長く続いているという事実は重いと思います。せっかくの職場体験学習が単なる記録づくりに堕すことのないよう、教員がその目的をしっかりと把握し、生徒に伝えて欲しいのです。

先にも述べたように、教育の目的は人を作ることです。したがって、教育の効果には共通テストの結果の様に数値化できるもののほかに、数値化できない成果も含まれることを、教員は生徒にも、またその親を含む国民にもよく説明して認識して貰わなければなりません。国民はそれをよく理解し噛みしめて、職場体験学習のような地域での人づくりという視点も忘れずに、素晴らしい国づくりに励んで欲しいと思います。共通テストの点数ばかりを気にするような点数偏重の教育に陥ってはならないのです。

さらに言えば、学校教育の究極の目的は、生徒を社会的・職業的に自立した国民に育て上げること、言い換えれば、自力で生活費を得て然るべき税金を払える国民を養成することです。税金を払う国民なしには国は存立し得ません。金銭の円滑な流通に関しても然りです。ところが、不思議なことに、現在の学校教育ではこの種の教育はほとんど行われていないようです。このような教育は職場体験学習との組み合わせによって効果の上がる教育分野なので、職場体験学習が学校教育の場に定着した現在、ぜひとも実現して欲しいと思います。

体験学習の期間は、2節の(3)でも述べたように、最低でも5日ないと効果を上げにくいという意見は多いのですが、これは、学校側は他の授業時間の確保が難しくなるという理由で、また受け入れ側もあまり長い時間を中学生の職場体験学習に割くのは難しいということで、なかなか実現しないのです。この問題の解決は、素晴らしい人を作るためにというより広い立場から考えて、学校と受け入れ側がよく考えて欲しいと思います。同じ時期に生徒全員が一斉に体験学習を行うために行く先が狭まるという問題は、夏休みなどを上手に利用することである程度解決できるはずです。夏休みには課外活動が目白押しなどと言わずに一度よく考えてみて下さい。課外活動の重要なことを否定はしませんが、現在の状況はあまりに度が過ぎているように思えてなりません。

職場体験学習の効果が上がるためには受け入れ側の意欲も大切です。1節でも述べたように、受け入れ側が単なる社会奉仕と考えていると、依頼する教員側の労力も増えるし、生徒に対する効果も上がりにくくなります。それを避けるために、国、都道府県あるいは市町村で職場体験学習を制度化すれば受け入れ活動の質や意欲が上がると思われます。この点に関しては、次の4節で詳しく述べることにします。

4　職場体験学習を今後も持続・発展させるための具体的な提言

先に述べたように、その成果が種々の側面から期待される職場体験学習ではありますが、今後も長く続けてその効果を十分に発揚させるためには、実施方法の具体面に関して未だ改良の余地があるように思われます。

先ずその実施規模と準備の方法について考えます。現行の実施方法では体験職場の選択は各学校に一任されているので、たとえPTA連合会や商工会議所、ロータリークラブ、ライオンズクラブなどの協力があっても、結局は校長あるいは担当教員が地元の企業や事業所を訪ねて個人的に頼み込まなければなりません。頼まれた企業・事業所も、受け入れにあまり積極的でなくても、地元貢献のためにといわれてやむなく引き受けることがあるかもしれません。このようなやり方では、受け入れ先の熱意もあまり高くなく、多様性も充分には満たされず、生徒は必ずしも自分の希望する分野の企業で効果のある体験学習を受けることができません。また、企業の方も毎年の奉仕で最初の意気込みが薄れたり、社会の景気が低下して、採算とは無関係な奉仕活動に努力する余裕がなくなってくると、学校に対する協力を解消することになってしまいます。現在のような学校単位の実施では、環境条件のこのような変化が体験学習に与える影響が大きくなってしまいます。そこで次のような提案をしたいと思います。

(1) 職場体験学習の編成単位の拡充

我々が第一に希望するのは、文部科学省ないしは各地の教育委員会による職場体験学習の具体的な法制化または制度化です。先ず、中学校教育課程の公式行事としての職場体験学習を全国市町村の教育委員会が主催して欲しいのです。体験学習の成果は生徒がその職場に興味を持つかどうかによって大きく左右されるので、組織者側は多種多様な職場を用意する必要があります。そのためには近接中学校数校で構成される職場体験学習のためのグループ（大きな都市では複数グループ、逆に小さな町村の場合はその連合体で1グループ）をつくり、グループごとに専任の担当者を決め、地元の協力企業、協力事業所を公的に募集して体験学習の場の提供を受けます。一方、学校側には生徒の希望する職種（あまり細分しないで）を各自第一、第二、第三希望程度までを選んで提出してもらい、なるべくその希望に沿うように振り分けて割り当てます。学校単位の小規模な行事でなく市町村ないしはその連合体の規模にして公的に受け入れ先を募集すれば、体験学習の職場が安定的に供給され、その職種もさらに多種多様になると思われます。グループ内の学校間の緊密な連携のもとに職場体験学習が実施されれば、学習効果が一段と上がると考えられます。

ただ、このような方法では、かなりの生徒が校区外で体験学習をすることになる可能性があり、臨時の交通費や外食費などの補助を考える必要があるかもしれません。また、不慣れな交通機関の利用、知らない街の中での安全などの問題もあります。ただ、これらの問題は現行の職場体験学習の場合にも存在するのです。一考を要する課題です。

(2) 企業の協力に対する配慮と報償

体験学習の効果が上がるためには、生徒だけでなく、受け入れ側の意欲も大切であることは、何度も述べてきたところです。受け入れ側の意欲を継続的に高い状態に保つには、その努力が何らかの形で報いられることが必要です。少なくとも、持ち出し損の状態を長く続けることは避けねばなりません。国政の一環として省庁が打ち出す行事が最初から公的機関、事業所や私企業のボランティア奉仕を想定して執行されるのは正当ではないし、またそれでは、その行事が継続して十分な成果を上げるのが、困難になります。

職場体験学習は、受け入れ側にとっては目に見える大きな経費は伴わないかもしれませんが、もし出費があれば、それを補填する制度は準備しておかなければなりません。また、生徒の受け入れの仕事に要した人員は企業や事業所の正規の業務を離れることにより企業に損失を与えたものとして、これも何らかの補償をしなければなりません（参考文献14）。これは「教育協力報奨金」ともいうべきものによる全額補償が正当だと思われますが、それが無理なら、私企業の場合にはせめて最低限の補償として法人税に「地域教育協力費控除」を新設して企業の負担を軽減ないし埋め合わせることを検討すべきではないでしょうか。そのほか、市町村報などの公的出版物に職場体験学習協力機関・事業所・企業の名を公表し、たとえばその協力規模に応じた無料広告面積を提供するなど何らかの公平かつ公正な措置がとられることが望ましいと考えられます。

職場体験学習には受け入れ側としての公的機関、事業所、私企業など多様な職場の協力が必要ですが、その協力は奉仕ではなくて参加でなければなりません。受け入れ側に負担をかけることを前提とするような制度では、良い体験学習を長く続けるのは困難です。ことの成否は文部科学省をはじめ教職員・学校関係者、受け入れ側と生徒の保護者を含む一般市民がこの教育上の問題をいかに真剣に考えるかにかかっています。また、職場体験学習に限らず、教育の問題を解決するときに生徒の意見を十分に尊重し、その益を最大限に考慮することの重要性も指摘しておきたいと思います。

職場体験学習を体験した生徒の何人かは確実にその成果を生かしています。行き先に幼稚園や学校を選んだ生徒の中には先生になる者、あるいはそれを希望する者がかなりいるという話も聞きます。職場体験学習を通して、受け入れ先はその職場の仕事の本質と社会での存在意義を生徒に伝えて、その職業分野に意欲の高い人材を集めることができるのです。これを職場体験学習の報償と考えるかどうかは別としても、それによって自己の職場の社会への貢献度は高まります。さらに、自分の職場での体験を通して生徒に職業奉仕の心・根本原理を伝える努力をすれば、日本の将来を担う素晴らしい若者に満ちた日本を、そして世界を作ることに繋がるのです。職場体験学習への参加・協力は社会人の大事な使命の一つであることは間違いありません。

※本稿は、畑田家住宅活用保存会ホームページのみんなの教育欄に掲載されている「キャリア教育の推進 —職場体験学習を考える」 http://culture-h.jp/hatadake-katsuyo/E9-ShokubaTaikenGakushu.pdfを許可を得て補筆・改訂したものである。元の原稿は、2012年1月21日、豊中ロータリークラブ主催で開催された教育フォーラム「職場体験学習を考える」の録音記録を基にして討論を司会した畑田耕一が起草した原稿を当日のパネラーのうち6名が校正して作成されたものである。当日の他のパネラーおよび豊中ロータリークラブからの参加者のご意見も取り入れられていること、および、本文の編集に当たり元大阪大学専門官矢野富美子氏にご支援をいただいたことを記して謝意に代える。

フォーラムパネラー　山元行博（豊中市教育委員会教育長）、石井　武（豊中市教育委員会チーム長）、船曳裕幸（豊中市立第5中学校校長）、中北義久（豊中市立第15中学校校長）、近藤建三（元豊中市立第7中学校校長）、中山彰平（啓明学園教諭）、平井良明（豊中市立克明小学校校長）、池滝弘行（豊中市立箕輪小学校校長）、関口　煜（フランス国立科学研究センター名誉教授）、岡本　博（西宮市立西宮高等学校教諭）、村上沙絵（西宮市立西宮高等学校3年）、嶋本　純（西宮市立西宮高等学校2年）、延命佑哉（西宮市立西宮高等学校1年）、松本啓雅（西宮市立西宮高等学校1年）、田坂恵美子（大阪大学基礎工学研究科留学生相談室）、孫　在民（大阪大学情報科学科2年、大韓民国）、Francisco Corpuz Franco Jr.（大阪大学理学研究科留学生、フィリピン）、S. M. A. Haghparast（大阪大学基礎工学研究科留学生、イラン）、矢野富美子（元大阪大学専門官）、久保田拡鑑（株式会社コンセプト代表取締役）、松室利幸（池田くれはロータリークラブ）

豊中ロータリークラブ会員の参加者　北村公一、村司辰朗、米田　真、矢口正登、豊島了雄、木村正治、大塚穎三、松山辰男、奈須正典、森本博明、畑田耕一（討論司会）　以上の方々の所属・職業・官職名並びに学年等はフォーラム開催当時のものであることをお断りします。

※フォーラム開催当時、[1]畑田耕一は豊中ロータリークラブ教育問題検討委員会委員長・大阪大学名誉教授、[2]関口　煜はフランス国立科学研究センター名誉研究員、[3]岡本　博は西宮市立西宮高等学校教諭、[4]船曳裕幸は豊中市立第五中学校校長、[5]北村公一は豊中ロータリークラブ２０１１－２０１２年度会長、[6]村司辰朗は豊中ロータリークラブ２０１１－２０１２年度新世代奉仕委員長、[7]久保田拡鑑は株式会社コンセプト代表取締役、[8]渋谷　亘は兵庫県立豊岡高校教諭

第9章
豊中ロータリークラブの出前授業
これまでとこれから

畑田耕一

この本では第6章をはじめとして全ての章で、出前授業の必要性・有効性について述べてまいりました。この第9章ではそのまとめのつもりで、筆者畑田の所属する豊中ロータリークラブが２００1年から主として豊中市内の小・中学校を対象に行った出前授業の目標と意義、これまでの経緯と現状ならびに出前授業の問題点と将来展望についてできるだけ詳しく述べたいと思います。

1　出前授業発足の経緯とロータリー精神との関わり

豊中ロータリークラブ（豊中ＲＣ）では、１９９９年2月に青少年交換委員会の主催で第一回青少年交換フォーラムを開き、海外からの留学生、留学経験のある日本の青年にロータリークラブ会員が加わって、外国の若者が日本で学び、仕事をする上での問題点を話し合いました。その折の話題は、日常生活における文化習慣の違いから日本の教育問題にまで及びました。２０００年度の第二回フォーラムでは、国際協調の場での文化や人間の間に立ちはだかる壁について意見交換を行い、異なる文化・風習を担う若者が、ともに学び、ともに働くにはどのようなシステムや工夫が必要かについて話がはずみました。２００1年度の第三回フォーラムでは「世界の教育・日本の教育」を主題として、日本の生徒・学生の勉学意欲の問題を、教育制度・方法の違いの影響なども考えに入れて、留学生や日本在住の外国の方々とともに話し合い、21

世紀の日本の教育を考える出発点としました。２００２年度には、「教育における学校の役割・家庭の役割」をテーマとして諸外国の状況を話題提供していただき、日本の状況と比較検討することにより、日本の初等・中等教育の問題点についての関心と理解を深めました。２００３年度には、日本の学校教育への社会的関心が強まり、ゆとりの教育を中心とする学校改革が実施される中、『日本の学力、世界の学力』をフォーラムの主題に設定しました。このフォーラムでは、諸外国の留学生、教育関係者から自国の教育改革や学力の状況を話していただき、学生・生徒の学力低下の問題を話し合い、学力重視の伝統的教育と創造性、独創性の開発を目標とする新しい教育との調和と融合の問題を考えました。その後、このフォーラムの話題は次第に教育関係の問題が多くなり、世界の若者とロータリアンが教育問題を語り合う場となり、今も活発に続けられています。２０１０年2月の教育フォーラムでは、ロータリアン、教育関係者、外国からの留学生を含む大学生に加えて、中学生、高校生の初めての参加を得て、「今の教育で変えねばならないこと、変えてはならないこと」を主題に活発な討論が行われ、中学生、高校生からも教育を受ける立場からのよく考えた素晴らしい意見が聞けて、実りの多い集まりとなりました。最近の２０１６年度は1月23日に「小・中学校の道徳の授業の特別の教科化を考える」を主題として、外部からは兵庫県西宮市立西宮高校、大阪府立富田林高校の生徒も含めて教員・教育関係者18名、ロータリー会員は泉パストガバナー、当クラブの松尾会長をはじめ19名の参加のもと、小・中学校の道徳の授業の特別教科化の経緯、既に始められている特別教科化に向けての新しい試み、成績評価の方法、道徳の本質などについて討論が行われました。2017年度は「学校教育における道徳を考える」を主題として小・中・高等学校の道徳の授業についてさらに詳細に話し合いました。(ガバナー月信2017年3月号参照)

この間、2001年度のフォーラム終了後、議論ばかりでなくその結果を踏まえた教育関係の実践活動をしてはという声が出て、当時その必要性が叫ばれていた初等・中等教育への出前授業を、豊中市内の小学校、中学校を対象に、豊中市教育委員会の支援を得て始めることになりました。このように、豊中ロータリークラブの出前授業は教育フォーラムの実績と経験の上に立って発足したもので、理論と実践が車の両輪のごとくに機能しあうロータリーの奉仕の理想に叶った奉仕活動の一つであります。

学校、特に小学校では、授業での学習内容が子どもの家庭で保護者や家族に伝えられ、さらに、地域社会にも影響を及ぼします。したがって、出前授業によって子どもたちだけでなく、その家族や地域社会の人々にも何かを伝えることが可能になるのです。一方、ロータリーの職業奉仕は、ロータリアン一人一人が例会に出席して他の会員との交流・親睦を通してモラルを高め、日常の生活では自分の職業に真剣に取り組み、社員はもとより仕入先や顧客など周囲の人達のモラルを向上させて、業界の手本となり、その業界のモラルを向上させていくことであります。クラブの会員一人一人がそれぞれの業界を受け持って、職業奉仕の活動を続けていけば、やがては社会全体のモラルが高まっていきます。ロータリアンは、クラブに対しては自己の職業の代表者であり、ロータリアン以外の人に対しては、日常の仕事を通してロータリー精神を普及する責務を負っているのです。ロータリアンが小学校、中学校への出前授業で自己の専門について語ることは、職業奉仕の一つの形と考えて差し支えないはずです。

2　初等・中等教育の現状と出前授業の必要性

最近の我国の教育、特に初等・中等教育にはいろいろな問題が浮上し、現場の教員をはじめとする教育関係者はその対策に追いまくられているのが現状です。新しく始められたいくつかの施策も必ずしも効果のあるものではなく、教育政策には、若干、右往左往の感があります。学習意欲の低下や集団で学ぶことが苦手な生徒の増加など、子どもが様変わりし、中学生になっても自分に自信が持てない、我慢ができない、心の居場所がなく、それを探すこともできないというような生徒の増加などにも、あまり歯止めがかかっていません。以前は地域や家庭で行われてきた教育、とりわけ広い意味での道徳の基本となる躾なども今は学校でしなければならなくなっています。一方、教育課程も大きく変わりました。生徒が学んでいるものを総合化・複合化して学び方そのものを自発的に学ばせようとする総合的な学習や課題研究などの探究活動、情報技術学習の導入、小学校への英語学習の導入などが大きな改革です。教師は、今

も、これらの新しい課程への対応に追われています。さらには、次代の新しい文化の担い手になる国民をできるだけ多く育てるための一つの要件として唱えられている教育の個別化、多様化にも、教師の努力が強いられています。生徒・学生全体の学力向上を目指すために試みられつつある習熟度別クラス編成による授業は、教員にさらなる大きな負担を強いるものです。また、給食の世話や各種の調査報告などの補助的活動も教師にとって意外に大きな負担になっています。いまの学校にはこれらの全てに十分に意を用い対応するだけの人的、予算的な「ゆとり」がありません。まさに学校は悲鳴を上げているといえます。教育、特に初等・中等教育への外部からの教育支援の必要性が叫ばれるようになったのは、ごく自然な成り行きです。出前授業はその支援活動の重要な一つです。

3　出前授業の意義と目標

自分の将来の専門が未だ明確でない義務教育の中で、日ごろ先生からはあまり聞くことのない専門家の話を出前授業で聞いて、「世の中には自分達がまったく知らなかったこんなに面白いこともあったのか」と驚き、感激し、心を震わせ、それを通していろいろな分野の専門家の生き様を垣間見ることは、自分の将来の道を考える大きなきっかけになります。たとえ、専門性の高い、生徒にとっては難解な話であっても、「難しいけれど面白そう」という感覚を持ち、これから勉強して分かる様になるまで頭の中にしまっておこうと思うのが、出前授業を受けた生徒の特徴的な反応の一つです。通常の授業の場合は、分からないことはすぐに忘れてしまうようです。

出前授業の目標、あるいは、それによって生徒に与えることのできる効果の主なものは、次の三つです。その第一は、子どもの「なぜ？」に答えることです。子ども、特に小学生は好奇心が極めて旺盛で、「なぜ？」を連発します。「なぜ？」と思ったときには、先ず、家族や保護者に聞きます。答えが得られなければ、翌日学校で先生に聞くことになります。そこで解ければ問題はないのですが、最近の科学・技術の発展とその成果の社会への急速な普及の所為で、子どもの「なぜ？」に応えるのが著しく難しくなってきており、先生にも分からないことがたくさんあります。そんな時、「先生もよく分からないので一緒に調べてみようよ」という余裕があればよいのですが、先生も大変忙しく、ついそのまま忘れてしまうこともあります。ここは、専門家の出番です。専門家の出前授業は、生徒の「なぜ？」に答える絶好の機会でもあるのです。専門家は自分の分野のことはもちろん、専門外のこともかなり勉強しているのが普通です。また、たとえ知らなくても、「これなら誰に聞けば分かるはず」というネットワークを持っていて、「なぜ？」に答えられる専門家を容易に探し出すことができます。それによって子どもの「なぜ？」が満たされて、好奇心を持続することができます。「なぜ？」の答えが引き出せないことが何回もあると、せっかくの好奇心がしぼみ、勉学への意欲が次第に失せていくという子どもにとっては致命的なことが起こるのです。小さな子どもの好奇心を達成させる努力を大人たちは怠ってはなりません。

第二は、子どもといえども「なぜ？」の答えをいつまでも人に教えてもらうのではなく、自分で発見した問題を自分で解決する能力を少しずつ養っていく必要があり、その手助けをするのも、出前授業の専門家の大事な役割です。いろいろな手助けの仕方があると思いますが、子どもの質問について、あるいは、自分の専門に関する演示実験を見せながら、子どもたちと一緒に考えて、「自分で考える習慣」をつけてもらうのがよいと思います。これは、総合的な学習の手法の一つでもあります。

第三の目標は、自分の専門分野の根本原理、哲学を子どもたちに語ることです。小学校では、専門教師制が全面的に導入されている一部の学校を除いて、一人の先生がすべての教科を担当しています。自分の専門外のところは、指導要領だけを頼りにして授業をすることになりかねません。たとえば、最近、小学校でも高分子やプラスチックが教材に取り上げられることが多いのですが、小学校高学年で「プラスチックを知っている？」と聞くと、たいていの生徒は「知っている」と答えます。ところが、「どんなもの？」と問うと、「燃やすとダイオキシンの出るもの」というような答えの返ってくることが多いのです。環境問題への関心を高めることは、もちろん重要ですが、プラスチックと

は燃やすとダイオキシンが出るものという答えは、それがたとえ事実であったとしても、あまりにもことの本質、すなわち、真実から離れ過ぎています。プラスチックの本質は、それが高分子と呼ばれる大きな分子からできているということです。そしてこの本質がプラスチックの日常生活でのいろいろな有用性を生み出しているのです。物事の根本原理に無関心な国民を増やさないためにも、専門家による根本原理の出前授業が必要なのです。

4　豊中ロータリークラブの出前授業とその実績

豊中ロータリークラブでは、1節で述べたように、2001年度から豊中市内の小学校、中学校を対象に、出前授業を開始しました。2009年からは大阪府と兵庫県の高等学校を対象に加えました。年度末に、翌年度の出前授業の主題と担当者名のリストを、各学校に提示し、その希望に従って授業担当者が学校と相談のうえ、授業を行う仕組みです。2001〜2015年度の15年間に338回の授業を豊中ロータリークラブの会員ならびにその知り合いの大学教授や他クラブの会員で行いました（表1）。教育委員会に提示している授業主題一覧を表2に、その内容の要旨を付録1（290-304頁）に示します。

なお、2003年5月10日の地区大会で、国際ロータリー第2660地区井上暎夫ガバナーより、当クラブの小学校・中学校への出前授業活動に対してガバナー特別賞をいただきました。また、国際ロータリー2660地区職業奉仕委員会でも、2003年度に出前授業を10年計画のプロジェクトとして採りあげられていました。10年を過ぎた現在も出前授業は職場体験学習とともに、クラブの年間目標に取り入れるよう同委員会より推奨されています。

表1　豊中RCの出前授業の実績

年度	小学校	中学校	高　校	担当者	
				豊中RC会員	それ以外
2001	13	4	−	17	0
2002	9	5	−	13	1
2003	10	12	−	20	2
2004	16	11	−	21	6
2005	19	8	−	19	8
2006	15	7	−	19	3
2007	10	12	−	19	3
2008	8	13	−	20	1
2009	13	12	4	28	1
2010	8	10	3	20	1
2011	14	12	3	22	7
2012	18	8	2	20	8
2013	6	3	5	12	2
2014	8	5	7	16	4
2015	12	5	8	22	3
計	179	127	32	288	50

表2　豊中RC出前授業主題一覧

聞いて見て触る面白い化学	畑田耕一	日本固有の楽器「尺八」	松山辰男
ゴムの面白さ	畑田耕一	生活習慣病の予防 —生活習慣の大切さ	松山辰男
エネルギーを考える	畑田耕一	私たちにもできる挿花	村司辰朗
日本の古い木造住宅に見られる生活の工夫	畑田耕一	思春期のケア —避妊を中心に	米田　真
今、戦中・戦後のことを思う	畑田耕一	手を観察して皮膚の役目を考えてみる	北村公一
道徳を考える	畑田耕一	学校保健における感染症 —疾患とその対応	北村公一
少子高齢社会を繁栄させるには	畑田耕一	紫外線と皮膚 —学校生活における指導と対策	北村公一
半導体ものがたり	大塚穎三	皮膚炎(かぶれ)について	北村公一
言葉の壁	大塚穎三	おしゃれ障害から始まる健康障害	北村公一
ガリレオと教会	大塚穎三	アトピー性皮膚炎	北村公一
温度とは何か	戸部義人	租税教育について	関谷洋子
「ろうそくの科学」を読んでみよう	戸部義人	おしっこはなぜ作られるのか？	清原久和
分子の模型を作ってみよう	戸部義人	当たり前のこと、当たり前でないこと	関口　煜
人体の構造と機能	澤木政光	さわってみよう！ 能の世界！	山本博通
人間はなぜ眠らなければならないか	澤木政光	人間はどうして立体的にものが見えるのか	西田正吾
外科の歴史 —床屋外科について	木村正治		

5　出前授業の効果と先生・子どもたちの反応

授業を聞いた子どもたちの反応や感想文から、初めて聞くことや普段めったに聞く機会のない専門家の話に、驚き、心を震わせるさまが良く分かります。たとえば、「人はなぜ眠る必要があるのか」という話を聞いて、あまりにも日常的なために深く考えたことのなかった「眠り」という行為が、人の成長やストレス解消などの生理現象と深く関わっている様を知り、「夜更かしをしてはだめですよ」という先生や母親の言葉の意味を理解し納得できたというのです。また、ゴムが大きく伸び縮みすることを知らない生徒はいませんが、それがなぜかを考えたことのある生徒もまた皆無に近いのです。室温では引っ張っても伸びないグッタペルカというゴムを熱湯で暖めると伸び縮みするゴムに変わることや、錘（おもり）をつるしたゴムひもに湯をかけると縮む実験を見せて、ゴムの伸び縮みの話をすると、子どもたちは「なぜ？」と考える世界に、少しずつ、入って来てくれます。

小学生は自分の感情を素直に顔に出します。分からないときは「分からない」という顔をします。たとえよく分からなくても、面白いと思うことには強い興味を示してくれます。「私も良く勉強して、大きくなったらロータリーの先生のように人の役に立ちたい」と言う生徒の言葉を聞くと、これからも出前授業を一生懸命やろうという気になりますし、この子どもたちの中から将来素晴らしいロータリアンが出てくるのではという期待も抱けます。

「外部の講師に来ていただくことによって学校が活気づき、教師の指導力の向上など現場の活性化にも繋がっている。専門家の生き様、仕事への意欲が子どもに伝わる。今後の初等教育の課題として、学校は勉強をする場であるという観点から、『知育』の部分をもっと大切にしていかなければならないので、総合的な学習の時間だけでなく、基礎教科の時間にも専門家の外部講師を招いて、内容の充実に努めたいと思っている」という小学校校長先生のご意見は出前授業が学校教育支援の役割を充分に果たしていることを示しています。

外部の専門家の出前授業は、子どもへの感化のほかに、小・中学校の教師にとっても自分の授業の見直しや教育資質の向上に役立つと思います。小学校での出前授業の後でその学校の先生の一人に「先生は高分子の本質が分かっておられるから、あの子の質問に的確に答えられたが、私ならよく分からなくて飛ばしてしまったと思います。物事の根本原理が分かっていることが小学校の教育に非常に大事であることが分かりました」と言われたことがあります。出前授業の意義をよく理解していただいた大変うれしい一言でした。一方、出前授業を行う専門家は、感性豊かな子どもたちの思いもかけない質問から、新しいアイディアを思いついたり、自己の専門の本質を考え直すきっかけを得たりすることがあります。出前授業担当者の楽しみの一つです。参考までに、出前授業担当者の数名が出前授業への思いを綴った「私の出前授業」を8節に示しました。

6　出前授業を通して見る教育現場の問題点

出前授業をやらせていただいて、気づくことや勉強になることがいろいろあります。そのうちの三つを以下に記します。一つは小学校に理科の先生が非常に少ないことです。小学校の先生は、上にも述べたように、ほとんどすべての科目を一人で教えることになるので、自分の専門外のことも授業しなければなりません。その際、自分の専門分野の授業に比べて若干迫力が落ちるのはやむを得ないように思います。自分の専門から大きくかけ離れた分野では、指導書に基づいた授業はできても、根本原理、哲学は話せないことがあると思うのです。3節にも述べたことですが、高分子は捨てられると環境に大変悪い影響を与えるものの一つであるということだけを教えられて、「高分子とは何か」を知らないままで大人になる人が多いと、大変具合の悪いことが起こる可能性があります。この点に関しては、専門教師制の充実など学校教育の方法や教育大学、教育学部のあり方などについて真剣な議論をしなければなりません。さらに言えば、小学生の「なぜ？」には、その子が将来自然科学分野の仕事をするかどうかに関わらず、自然科学関係のものが多いのです。子どもたちの科学的好奇心を満足させるためにも理系の先生の増員が望まれます。

二つ目は、子どもの保護者の中に、学校は子どもの面倒を見て、試験の答えを教えてくれさえすれば十分というような考えの方がおられるということです。学校の勉強と受験勉強を混同されると、教員はやりにくいのです。次代を担う子どもの教育という大事な問題を社会全体で考えるために、親や保護者というよりは国民のすべてが生涯学習に励み、教育に対する理解と認識を深めることの必要性を痛感する次第です。大人が一生懸命勉強している社会で、子どもだけが勉強しないことはあり得ないと思います。

三つ目は、このごろの学校では宿題があまり出ないということです。宿題をやることは、総合的な学習とともに、小学校や中学校の教育の中で、生徒が自主的に学ぶ貴重な機会です。親が、学校の宿題よりも塾の勉強の方を優先させたがるという厄介な事情もあるようですが、子どもに宿題をきっちりとやる習慣をつけさせて欲しいと思います。宿題は子どもを自立させるとともに自立的に学ぶことの楽しみを味わわせる大事な手段の一つなのです。

7　出前授業今後の展開

ロータリークラブは各方面の高い専門性を有する豊富な人材を抱えています。芸能、実業の分野も含めてある意味では大学よりも広範囲な専門家集団です。国際ロータリーは、従来から独自の奨学金制度による教育支援を行ってきましたが、最近は日本のロータリアンの多数が教育問題に深い関心を持ち、小・中学校への出前授業や職場体験学習の受け入れなどで、学校の教育支援に関わるようになりました。豊中ロータリークラブでは２００１年以来豊中市内の小・中学校生徒を対象に出前授業を実施してきました。４節でも述べたとおり、２００３年には、出前授業が国際ロータリー２６６０地区職業奉仕委員会の10年計画の事業に採用され、それ以来、出前授業を行うクラブが次第に増えてまいりました。２０１５年度には、２６６０地区の81クラブ中28クラブが出前授業を実施しています。出前授業はクラブとしての予算措置をほとんど必要としないので、容易に行える奉仕活動の一つです。ロータリーは、世界的な組織であると同時に地域に深く根ざした組織でもあります。その教育支援活動は、学校と地域との連携を深め、地域の教育力を向上させるのにも役立つことを念頭に、今後も努力を続けたいと思います。

教育の目的は文化の伝承であります。長い人生を歩んできた高齢者の経験やものの考え方が直接子どもに伝わることは大変重要なことです。ところがそのような機会は、核家族化や地域の教育力の低下によって随分少なくなりました。出前授業はこれを補う絶好の機会でもあります。ロータリーの会員、特に年長会員の活躍に期待したいところです。

子どもの教育は教師だけの仕事ではありません。社会の、地域の、そして家庭の仕事でもあります。学校では教えにくいことや教師のいたらないところは親や地域が補完しなければならないのです。子どもの心と体の健康や子どもの自立などは本来家庭の仕事です。これを忘れて、教育の全てを教師に押し付けていては、子どもの教育は成り立ちません。このことは、特に、義務教育において重要です。初等・中等教育における教師・子ども・親・地域の人々の間の緊密なコミュニケーションは子どもに行動する意欲と学ぶ力を与えるのです。それが達成されるためには、教師・親・子ども・地域の人々の相互の尊敬と信頼関係が必要です。これが欠けていては、まともな教育はできません。ロータリーの出前授業や職場体験学習などの教育支援が、地域住民の教育への関心を呼び覚まし、学校・地域・家庭の連携を円滑かつ緊密にする役目も果たしつつあることは大いに評価されてよいと考えます。ただ、家庭・地域の教育力はその文化の状態に大きく依存します。保護者・市民が社会のいろいろな事象に対してどれだけの理解と鑑識眼を持っているか、また、その能力を磨く努力をしているかが地域の教育力を左右します。生涯学習に対する公的支援の必要性が叫ばれていますが、それ以上に国民一人一人の生涯学習への高い意欲と努力が必要なことが、もっと認識されてしかるべきです。先にも述べたように、保護者や教師も含めて周りの人達が一生懸命生涯学習に励んでおれば子どもも見習います。出前授業の国民皆学(かいがく)社会への展開を真剣に考えるべきときであります。ＰＴＡの会合における出前授業がその第一歩になると思います。

出前授業を効果的に行える広範囲で層の厚い専門家集団は大学、特に総合大学です。大学は、直接関係のある高校との連携だけでなく、小学校や中学校の教育にももっと眼を向けて欲しいと思います。大学教員が、必要に応じて小学校や中学校で出前授業などの教育支援を行うのは、学校教育の頂点に立つものの使命であることを、大学人はもちろんのこと、国民も決して忘れてはなりません。今の大学の教員は大学の教育・研究活動、研究予算の申請、将来計画の作成などで大変忙しく、小学校や中学校に出前授業をやる余裕などはあまりないように見受けられます。次代の文化を担う仕事の中枢にあるものが初等・中等教育への支援活動をする余裕もないというような状態に置かれているのを国民は見過ごしてはなりません。日本国民の自覚を求めたいところです。

小学校、中学校、高等学校で出前授業をやらせていただくと、小さい子どもの時には誰もが持っていた「なぜ？」と考える心が、学年が進むにつれて、特に中学校、高等学校で薄れていくのがよく分かります。その原因の一つが受験勉強にあることはほぼ間違いありません。いろいろな分野の基礎的知識を教えることを怠っては、学校教育は成り立ちませんが、学校での知識教育と入試突破の要求との結びつきが強すぎると、子どもたちを、丸暗記を主とする受験勉強の世界に隔離し、小学生や中学生に対してこそ重要な根本原理の教育を忘れて、想像や創造の世界から遠ざけてしまうことになりかねません。経済協力開発機構（ＯＥＣＤ）の国際的な学習到達度調査（ＰＩＳＡ）の成績が優れているフィンランドでは、教員の大部分が修士課程の修了者であるという事実を見逃してはなりません。修士課程の修了者は物事の本質をより良く理解していて、根本原理の教育をより効果的に行うことができると思われるからです。

出前授業の奉仕を通して得たこれらの日本の教育の状況と問題点に関する認識は、豊中ロータリーの貴重な財産です。これを問題提供するかたちで社会に向けて発信し、市民とともに問題の解決に努力するのもまたロータリアンの使命です。出前授業の新たな展開の一つにしたいと思っております。

豊中ロータリークラブの出前授業が発足後7年を経過した２００８年2月、それまでの授業の成果を検証し、以後の指針を考えるべく、小・中・高校・大学の先生方とクラブの会員ならびに出前授業関係者が相集い、「出前授業のこれまでとこれから」と題する教育フォーラムを開催しました。このフォーラムでも、出前授業が、専門家としての深い知識、仕事の仕方、生き方、哲学を子どもたちに伝え、物事の根本原理を、実験などを通して学ばせる機会である点が大いに評価されました。出前授業は、また、自己の専門への情熱と努力することの重要性を子どもたちに体験的に伝える絶好の機会であります。知識を習得すると同時に、それに至るプロセスを学ぶことの重要性も、出前授業を通して体験的に伝える方が、子どもたちには納得しやすいようです。また、教科書の内容をこえる授業の機会、科目横断型授業の機会としての活用や、通常の授業の一部を担当して欲しいとの希望も寄せられており、出前授業への期待の大きさがうかがえます。

小学校へ出前授業に行くと、お世辞かもしれませんが、「私もよく勉強して大きくなったらおじちゃんみたいにロータリアンになって、社会のために尽そうと思う」などと言ってくれることがあります。小学校での出前授業は、非常に長期的なロータリーの会員増強でもあります。小学校でロータリークラブの宣伝をするよりも、将来ロータリークラブの会員になってくれるような子どもを育てるというのは大事なことです。このような観点から出前授業を、ロートアクト、インターアクト、奨学金制度とともに、将来のロータリー会員養成のプロジェクトの一つに位置づけてもよいのかなと思っています。

8　私の出前授業

本節には、豊中ロータリークラブで出前授業を担当した者の文・随想を掲載し、出前授業担当者をはじめ教育関係者の参考に供したいと思います。

(1)　小学校への出前授業の楽しみ

民間会社の研究所から大学教員に変わって40年になります。高等学校では、先生が大事なところを要領よくまとめて黒板に書き、生徒はこれをノートに写して覚えるといったタイプの授業が普通のようです。それで、筆者の大学の授業では学生に質問に答えさせたり意見を言わせたりして、できるだけ学生の発言の機会を増やして自分で考えさせることに努めてきました。ところが、最近こういう授業がだんだんやりにくくなってきました。考える習慣の全くない学生が増えてきたからです。黙って座っているだけで単位がもらえるのなら、質問に答えたり、意見を言ったりしたら損だという学生まで出る始末です。筆者の専門は高分子化学ですが、科学英語も教えていました。その時間に*ＧＰＡ（Grade Point Average）が４に近い学生から「私は長い間、英語の授業というのは先生が英文の意味を黒板に書いてくれて、それをノートに写して覚えるものだと理解していました。先生のように、自分で辞書を引いて調べ、自分で考えることを要求されるような授業は初めてです」と言われて愕然としました。

＊各科目の成績から特定の方式によって算出された学生の成績評価値、あるいはその成績評価方式のことをいう。通常は、各科目の成績を4、3、2、1、0（落第）で評価し、それらの値の算術平均値で表示する。

不思議なことに小学校の出前授業では、筆者が理想とする授業のできることが多いのです。先日もある小学校で「プラスチックと人間の暮らし」という話をしたとき、ペットボトルをはじめとするいろいろな高分子製の生活用品、自動車部品、人工心臓・腎臓などの人工臓器、カメラやコンタクトレンズといったさまざまな高分子製品をみせて、その性質や作り方を説明した後で、「高分子製品に共通する性質は？」と聞いてみたら、「軽い、強い、温度を上げたらやわらかくなる」という答えが返ってきました。小学生はいくつかのデータを正確に記憶し、それについて考え、共通の特徴を引き出すという関連づけと一般化の能力を持っているのです。

「頭は帽子をかぶるためではなくて、考えるためにあるのだ」という話をしたところ、一人の女生徒が「私は、いつも明日は何が起こるかな、とわくわくしながら考えている」と言って、「いろいろなことを想像するのは新しいものを作る創造に通じるのだよ」と筆者が言うきっかけを作ってくれました。「風邪を引いて昼間寝ているようなときに、じっと天井を見ていて、その木目をあれは鬼とか、これはライオンとか考えるのは面白いだろう」といったら「それそれ」と先の生徒が応じてくれたのです。

小学校の出前授業では、「細いものはなぜしなやかなのか？」とか「輪ゴムが古くなると、引き伸ばしたときに、きっちりと元に戻らなくなり、そのうちに手に粘りつくようになり、最後はボロボロになってしまう。これはなぜか？」とか「ボールの弾むのとゴムの伸びるのはどうちがう？」といった物事の本質に関わる、よく観察し、よく考えた質問が出ます。小学生は、鋭い観察力、豊かな感性、いろいろな観察の結果を「不思議だな」、「なぜだろう？」と思うことを通して物事の本質に迫ろうとする力や一般化の能力を持ち養っているのです。これが中学校、高等学校と進むにつれて失われていくように思えるのです。その原因が学校での学習と受験勉強を混同する社会の風潮にあることはほぼ間違いありません。この問題の解決に、出前授業を通して少しでもお役に立てればと願っております。

授業が終わって帰ろうとしたら、一人の男の子がそっと寄ってきて小声で聞きました、「先生、今日髭そった？」と。「あ！　朝忙しくて忘れてた」と言うと、「いくら忙しくても髭は剃った方がいいよ」と言って帰っていきました。小学校での授業の終わりを嬉しい気分にしてくれた一言でした。（豊中ロータリークラブ　畑田耕一、職業奉仕のお話、国際ロータリー第2660地区2007-2008年度職業奉仕委員会編、24～28ページより許可を得て一部変更のうえ掲載）

(2)　小・中学校への出前授業

豊中ロータリークラブでは、豊中市内の小・中学校を対象に出前授業を行っています。授業内容は、例えば高分子科学の専門家は「くらしの中のプラスチック」のテーマで、実験を混じえてゴムの性質の面白さを分からせ、華道の先生は水道のある教室で生花の楽しさを体験させ、産婦人科医は中学3年生を対象に避妊を中心とした思春期のケアを教えるといった具合です。小学校高学年から中学校にかけては自己形成の最も重要な時期で、専門家との直接の出会いは子どもたちに新鮮な感激と驚きを与え、夢と希望を膨らませる機会をつくります。

私もこのプロジェクトに内科医として「人はなぜ眠らなければならないか」と「人体の構造と機能」の二つのテーマで参加しています。授業後に学校から届けられた子どもたちの感想文には「初めは難しいと思ったが、分かりやすく話してくれるので、だんだん面白くなり、話に引き込まれた」等の記述がたくさんあり、睡眠の大切さ、生命の神秘と尊さをあらためて認識し、今後のライフ・サイクルを改善しようとする意欲も散見されます。

現代人を取り巻く社会環境は大きく変わり、睡眠不足がもたらす疲労、全身倦怠感、食欲減退などの身体への影響や集中力不足による様々な事故や犯罪などは大きな社会問題となっており、これらは少子高齢化のいま、全年齢層に及んでいます。出前授業プロジェクトは好評で、医療者にとって地域の子どもたちのプライマリ・ヘルスケアの向上に寄与する機会の一つと考え、取り組んでいます。（豊中ロータリークラブ　澤木政光、プライマリ・ケア、Vol.30、No.1（2007・3）23ページより許可を得て一部改稿のうえ転載）

(3) コップの中のふしぎ

空気の容積とその組成の変化と圧力を観察するために、石原純先生（元東北帝国大学教授）が当時の小学生のために書かれた「子どもの実験室」（児童文庫、アルス社発行、昭和3年）に掲載されている、ろうそくを使った実験を行い、生徒に観察することの大切さを理解させることを目的としてこの授業を行っています。

まず、水槽（幅30㎝、深さ3㎝くらいのもの、パイの皿でもよい）、ガラスの湯飲みコップ、ペットボトルのプラスチックのふたと小さいろうそく（長さ約2㎝）、マッチまたはライターを用意します。ペットボトルのふたを逆さにして、その中央に画鋲を固定してろうそくを立て、水槽に浮かせます。ろうそくに点火してすぐに、コップを被せます。この時、コップの口が水面から約2㎜下になるようにセットします。すぐにろうそくが消えて、ろうそくの芯から出た煤が水面に向かって下降します（先生によればこの下降に気がついた生徒が時々いるようです）。約2秒後にコップの中の水面が上昇して、コップの中の気体の体積が小さくなり、中の圧力が上昇して、外気の圧力に等しくなると、水面の上昇が停止します。水面が上昇した割合は、空気中の酸素の割合20・8％に近くなっています。生徒一人一人に実験の結果がよく見えるように、生徒を5~6名の組に分け、ろうそくの点火は先生にお願いします。生徒には、ろうそくが消える瞬間を注意して観察するように言ってから、実験を始めます。実験終了後に、このような気体の圧力と体積と組成の関係の発見は、イギリスのボイルとフランスのシャルルによって、日本では関ヶ原の戦争が終わって、江戸時代が始まった17世紀の初期に発見されたことを説明します。

生徒のレポートを読むと、多くの生徒が興味を持ったようで、「こんなことを発見した、イギリスのボイルさんとフランスのシャルルさんは本当にえらいと思いました」、「理科の力はすごいので、僕も高校までいって、理科の勉強をしたいと思います」などの感想があって、かなりの効果があったように思いました。

ろうそくが消えてできた炭酸ガスはどうなるのかについては、この実験の範囲では何も言えませんが、ろうそくの消えたときに煤が下降するのは、ろうそくが燃えてできた密度の大きい炭酸ガスが水面に向かって降下していることを表わしていると考えられます。地球の炭酸ガスのかなりの部分が、海水に吸着されると言われているのと同様に、水槽の水に吸着されるのではないでしょうか。炭酸ガスの吸着剤を一緒に浮かべて、変化を観察するのも面白いと思います。（豊中ロータリークラブ　西山敏之）

第10章　終　章

畑田耕一

本書の冒頭でも述べたように、今の日本に求められているのは、これまでどこにもなかった新しいものや概念を創り出して、先進国として世界をリードし人々のお役に立つことです。そのためには、学校教育は、生徒が教えてもらう教育から、自ら学ぶ教育へと変わらねばなりません。授業の方式を、従来の先生が一方的にしゃべる方式から、生徒も授業の内容について活発に質問し意見も言い先生とともに考え討論する、いわゆる双方向型の授業に変える必要があるのです。文部科学省は、最近、このような授業をアクティブ・ラーニング（能動的学習）として推奨しています。

学校という教育の場には、生徒が一人で学ぶのではなく、また生徒が一緒になって教え合うというのでもなくて、先生と生徒が学校に一緒にいることで、学ぶ効率が非常に上がるという力があるのです。この学校の持つ教育力は授業が双方向型で行われた時に最大限に発揮されます。双方向授業は討論だけで成り立つものではなく、討論の根拠となる知識、それに対するものの考え方・理解力、そしてそれに基づく判断力が必要です。授業で扱っている分野の先端の詳細な知識は情報技術を駆使すれば生徒でも思い通りに修得できます。大事なのはそれに対する理解力・判断力そして何よりもその分野の根本原理です。例えば、化学反応の議論をするのに、化学反応とは分子と分子が衝突して分子の中の原子の繋がり方が変わる変化であるという化学反応の根本原理を生徒が理解していなければ、いくら多くの化学反応の知識を持っていても化学反応についての討論は成り立ちません。また、密度を学ばせる時に、密度とは物質の質量を体積で除した値という定義とともに、密度の大小は物質の単位体積中に存在する分子の質量と数によって決まるということをよく理解させておくのも、化学の根本原理教育のうえで非常に大事なことです。根本原理の教育は、単なる応用力ではなくて、真の考える力を身につけるのに大いに役立つのです。

歴史の授業でも、ただ、この年にはこういう事件が起きたということを生徒がいくらたくさん覚えていても、なぜそうなったのか、その出来事に関連した人達の相互の関係はどうで、それがどのようにして歴史的事件に発展していったのかを調べて、その出来事の本質・歴史的意義を深く理解するのが歴史を学ぶうえの根本原理であるということを生徒が理解していなければ、双方向授業は成り立ちません。この根本原理の教育は教師の、特に双方向授業を目指す教師の非常に大事な責務です。

小学校学習指導要領の第1章総則第1「教育課程編成の一般方針」の1.の第2段落には、「学校の教育活動を進めるに当たっては、各学校において、生徒に生きる力をはぐくむことを目指し、創意工夫を生かした特色ある教育活動を展開する中で、基礎的・基本的な知識及び技能を確実に習得させ、これらを活用して課題を解決するために必要な思考力、判断力、表現力その他の能力をはぐくむとともに、主体的に学習に取り組む態度を養い、個性を生かす教育の充実に努めなければならない」と記されています。中学校および高等学校の学習指導要領の総則にも同じことが述べられています。この文章は、根本原理の教育に裏打ちされた双方向授業の重要性を述べるものです。

学校教育は一つの場所でいろいろな科目の授業を多くの友達と一緒に受ける場でもありま

す。多くの分野間のいろいろな相互作用をごく自然に意識しつつ学習することができる場なのです。教える側の教師はともかく、授業を受けて学習する側の生徒は、授業を通していろいろな分野の根本原理を学び、根本原理の分野による違いを知るとともに、分野は違ってもその底に共通する何かが流れていることを感じ取るのです。このようにして、生徒たちは特段の努力を強いられることもなく、ごく自然に物事の根本原理を深く考える習慣を身につけていくのです。双方向授業における根本原理の教育は、教師がきっかけづくりの努力をするだけで、案外容易に軌道に乗るのではないでしょうか。

双方向授業が成功すれば、もちろん、学力は上がります。しかし、その最終目標は知識の修得ではなく、それを活用して、世界の人々と共に生き、話し合い、お互いに手を取り合って、平和な社会を築き上げ、これを維持していく力を養うことです。日本の質の高い教育に双方向授業を重ねることにより、これからの世界を背負う多くの優れた人材を輩出できるのです。これが世界の先導に繋がることは言うまでもありません。

根本原理の教育は人文・社会・自然科学の全ての科学の分野にとって極めて重要です。物事の根本原理の発展・展開を推進する根本の力は本書で何度も述べてきたように想像力です。そしてまた、科学の研究を推進する根本の力も想像力なのです。新しいものや概念を創り出すには、それまでに身につけた知識と経験を基にして、想像力を駆使して目標にいたる方法を想定し、それを実行し、成果が得られなければまた別の道を探るという行いを、何回となく繰り返すしかありません。目標が達成された場合に、それを行った人の想像力の集積結果が社会からは創造力として評価されるのです。

科学と道徳は、第5章でも述べたように、いろいろな意味で不可分の関係にあります。科学と道徳は根底で繋がっているのです。1903年アンリ・ベクレル、マリー・キュリー、ピエール・キュリーの3人が、「アンリ・ベクレル教授が発見した放射現象に対する共同研究において、特筆すべきたぐいまれな功績をあげたこと」によりノーベル物理学賞を受賞したときの受賞記念講演で、マリーの夫ピエール・キュリーは「ラジウムは、がんの治療に役立つなどいろいろ有益な面がありますが、犯罪に使われれば極めて危険なものであります。私個人は、ノーベルが考えたように、人類は新しい発見によって、悪い面を克服して一層大きなものを生み出していく英知を持つと考えています」と述べています(第5章参考文献2)。100年以上前に、科学・技術と人間の関わりを道徳という面から捉えた鋭い指摘です。科学と道徳の根底の力は、どちらも、持てる知識をもとに実際に経験していないことをあれこれと推量する力、すなわち、想像力なのです。右記のピエール・キュリーの言葉は、科学者は道徳的でなければならないと言っているのではなくて、科学者はその豊かな想像力と正統（orthodox）な判断力によって道徳的に生きて教育・研究活動を行なっている人達であると言っているのです。

それならば、これらの科学者たちに教えを受け、あるいは何らかの関わりを持つ教員もまた想像力・理解力・判断力に富む人達であることはほぼ間違いありません。小学校、中学校および高等学校それぞれの学習指導要領第1章総則第1「教育課程編成の一般方針」の2.の「学校における道徳教育は、道徳の時間を要として学校の教育活動全体を通じて行うものであり、道徳の時間はもとより、各教科、総合的な学習の時間及び特別活動のそれぞれの特質に応じて、児童・生徒の発達の段階を考慮して、適切な指導を行わなければならない」という記述は、全ての小学校、中学校および高等学校の教員に、その想像力と道徳的能力を活かして自己の全ての授業を通して道徳教育を行うことを求めているのです。彼らの想像力と道徳的能力に全幅の信頼を置いたうえでの要望とも考えられます。

このように考えると、我が国の小学校、中学校および高等学校の先生方は日常の教育業務だけではなく、クラブ活動の指導や職場体験学習の支援・指導も含めて大変な仕事を任されていることになります。幸い、日本には、教育行政から教育現場の学校にいたるまで、教育を天から与えられた素晴らしい仕事、すなわち、自分の天職と考えて、生徒・学生との様々な出会いの記憶を糧にして、今よりももっと良くなりたい、良くしたいと考える伝統が、教育に携わる人たちの間に今も残っています。この世界に誇れる素晴らしい文化的伝統が教師の日常の忙しさの中に埋没し、消え去らないうちに、国民は教育現場で働く教師の精神的・財政的支援を真剣に考えて欲しいと思います。

事務員、理系授業の実験補助員などを含む定員の増員は小・中・高等学校における問題解決のための必須の課題です。教員の増員の問題は、民主主義の社会では、当然のことながら、問題の本質を国民が十分に理解しないと実現しません。教師や保護者の社会への働きかけが必要なのです。そのためには、教育基本法第三条に明記されている「国民一人一人が、自己の人格を磨き、豊かな人生を送ることができるよう、その生涯にわたって、あらゆる機会に、あらゆる場所において学習することができ、その成果を適切に生かすことのできる社会の実現が図られなければならない」、すなわち、国民皆学の精神が日本中に浸透していることが必要なのです。教育の問題を気軽に語り合い、その結果を発信できるような地域の集いを社会のあちこちで開く努力を、行政、教師、教育関係者がしなければなりません。

そして、親・保護者を含む家庭と地域の人々さらに一般国民は、教育関係者らの呼びかけに応えねばなりません。学校から家に帰った子どもが、学校で学んだことを生かして体験的に考え、行動を起こすことによって、学びの成果を挙げることができるかどうかは、家庭の教育力にかかっています。家族が子どもに及ぼす教育上の影響は非常に大きいのです。学校教育の根本は、知識を教え、それを応用させるだけでなく、その背景にある物事の本質を考えさせることであります。家族はこのことをよく理解して、子どもに対応できるだけの学習をしていなければならないのです。国民一人一人が生涯にわたって学習を心がけ、家庭の文化的環境を良くし、教育力を高めることが、ひいては地域の文化教育力を高め、子どもに生きる力を養わせることになるのです。

学校教育の問題を制度の欠陥と学校・教員の教育能力のみに帰するのではなく、教育を市民全員の責務と捉えて問題の解決を図ることが、民主主義社会に生きるものの使命であることを日本国民は認識し、実行して欲しいと思います。また、マスコミ従事者も成熟した民主主義社会における教育問題解決の強力な支援者となる構図を創出していただければ幸いです。

民主主義の国では事は全て多数決で決まります。そのためには「国民皆学」が大前提であることを忘れてはなりません。ただ、実際は、投票者の投票の対象になっている事象についての学習・理解のレベルの違いは無視して票数が集計されて結果が出されます。民主主義の大きな問題点です。あまりにも「あたりまえ」（正統的orthodox）な、あるいは感覚的や見方によっては非論理的なものを含む命題の当否を投票で決めるのも良くありません。例えば、「勉強は先生が教えるものではない。生徒が学ぶものである」という主題についてクラスで討議を重ねた上で投票を行い、生徒の過半数が賛成したからといって、教師が教えることを止めたらどうなるかは、特にお話しする必要もないと思います。でも、ゆとりの教育と総合的な学習の組み合わせがあまり大きな効果を上げ得なかったのは、ここで述べたことと無関係ではないように思います。「国民皆学」をもっと大声で叫びたくなります。

「あたりまえ」を疑うこと、これが本当に考えることの第一歩だという意見もあります。考えに考え、考え抜いて、なお全員の合意が得られない時、つまり議論している主題が「あたりまえ」でない、すなわち「そうあるべきかどうかがはっきりと分からない」ということが分かった時には投票で決めるというのが民主主義なのでしょうか。

一方、教員の質を常に高く保つことも必須です。教員は、高い倫理観と使命感を持って、常に学習に努めて教育力を高め、自己成長を続けなければなりません。教員の採用に当たっては、そのようなことのできる資質を備えた人材を教壇に送る努力と工夫が必要です。クラブ活動は学校行事の中の重要なものの一つであることは間違いありませんが、休日の大部分をクラブ活動のために生徒を登校させるなど、現状は少々度が過ぎているような気がしておりますし、その指導・支援に駆り出される教員も大変です。もう少し教員と生徒に対してゆとりのある学校環境をつくらないと教育が破綻をきたしかねません。クラブ活動専任の補助教員を採用するのも一つの方法です。教員にも時間のゆとりを十分に与えて、ゆっくりと子どもに接することのできる時間と自己研鑽の時間を保障することが最重要の課題です。これは、また、教員が生徒に考える力の養成を説くことができるためにも保障されねばならない課題です。これらの問題を処理するに当たって校長をはじめとする管理職にも高い教育管理能力の問われている時代です。教育に経験のない民間人をいきなり校長に据えて解決するような簡単な問題ではありません。学校管理職をいかにして養成するのかという問題にも真剣に対処しなければなりません。そして、定員増と給与の増額も含めて教員の待遇を向上させて学校を魅力のある職場にするとともに、学校に優秀な人材を集めることのできる制度を構築することも喫緊(きっきん)の要事と言えましょう。

文部科学省は、生徒一人一人の社会的・職業的自立に向けて必要な基盤となる能力や態度を養わせることを目的としてキャリア教育を推進しています。中学校では職場での体験を通して社会を知ることを目標とする職場体験学習が、高等学校では生徒自身が将来進みたいと思う分野の職場を知ることを目標とする就業体験学習（インターンシップ）が行われています。これらのキャリア教育は、受け入れ側の職場にとっても、学校教育への単なる社会奉仕的活動としてだけではなく、日頃疎遠になりがちな学校教育を考える絶好の機会となるもので、まさに学校教育と社会教育の理想的な融合の形です。上手に運用して教育の質を高めることが、学校を含めた地域社会の使命の一つともいえます。

ただ、阪神・淡路大震災の後で人々のいろいろな助け合いやボランティア活動を体験し兵庫県で生まれたキャリア教育が、全国に普及してから、かなりの年月が経過しているので、一度見直しの必要があるという意見も出始めています。何事もそれが将来にどういう効果を齎(もたら)すかということをよく考えた計画を立て、実行後の効果を詳しく検証するという方法をとらないと、長く継続するうちに、本年も実施したという、単なる証拠作りに陥ってしまうことがあります。職場体験学習推進の掛け声が、その轍を踏まないためにも、職場体験学習の本質・根本原理をさらに深く考え、それをもっと生かすにはどうすればよいかを、受け入れ先、教師、保護者が一緒になって真剣に考える必要があります。その際、この学習を真剣に行った生徒の意見を良く聞いて参考にすることを忘れてはなりません。

また、キャリア教育の一つの展開として、職業とは何か（職業の定義）、教師は職業であるが他の職業と際立って違うところがあるのか、もしあるとすればそれは何か、女性が子どもを産み育てるという社会的にも非常に重要な仕事がどうしてオーソドックスには職業と認められないのか、職場におけるいろいろな観点からの男女の問題、子どもがその将来を見据えて家事に参加することの意義などについて、真剣に、そしてかなりの時間をかけて考え、議論をする機会を持つことを、是非試みて欲しいと思います。

この本では第6章をはじめとして全ての章で、出前授業の必要性・有効性について述べてきました。また、第9章ではそのまとめとして、編者畑田の所属する豊中ロータリークラブが

２００１年から主として豊中市内の小・中学校を対象に行っている出前授業の目標と意義、これまでの経緯と現状ならびに将来展望を述べました。豊中市内の小・中学校への出前授業は今後も続けて行いますが、同時にこの教育活動を教員、親・保護者、そして地域の人々の生涯教育へ展開していきたいと考えております。

最後に、本書の発刊に当たりいろいろな面でご指導とご助言をいただいた教育関係の皆様方、畑田家住宅活用保存会会長中村貞夫様、同幹事・大阪大学教授北山辰樹様、同幹事矢野富美子様をはじめ同会会員の支援・協力者の皆様方、豊中ロータリークラブ２０１５〜２０１６年度会長松尾宗好様、同会員関谷洋子様をはじめ支援・協力いただいた会員の皆様方、そして兵庫県立豊岡高等学校教諭渋谷亘様、さらに編集面で多大なご支援・ご協力をいただいた、大阪公立大学共同出版会編集長・㈱星湖舎代表取締役金井一弘様と同出版会林のりこ様、多田佳永様に心から深く感謝申し上げます。有難うございました。

参考文献一覧

《はじめに》

（1）畑田耕一、林　義久、渋谷　亘「道徳的能力と想像力」http://culture-h.jp/hatadake-katsuyo/dohtoku-sohzoh.pdf

（2）小学校、中学校および高等学校それぞれの学習指導要領第1章総則第1「教育課程編成の一般方針」の2

《序章》

（1）アクティブ・ラーニングの視点と資質・能力の育成との関係について ―特に「深い学び」を実現する観点から―
http://www.mext.go.jp/b_menu/shingi/chukyo/chukyo3/061/siryo/__icsFiles/afieldfile/2016/03/22/1368746_1_1.pdf

（2）木野茂、教員と学生による双方向型授業 ―多人数講義系授業のパラダイムの転換を求めて―
http://www.highedu.kyoto-u.ac.jp/kiyou/data/kiyou15/01_kino.pdf

（3）「深い学び」につながる「アクティブ・ラーニング」とは
http://souken.shingakunet.com/career_g/2013/02/2013_furokuno45_2.pdf

（4） アクティブ・ラーニングに関する議論
http://www.mext.go.jp/component/b_menu/shingi/toushin/__icsFiles/afieldfile/2015/09/24/1361110_2_5.pdf
（5） 教育課程企画特別部会における論点整理
http://www.mext.go.jp/component/b_menu/shingi/toushin/__icsFiles/afieldfile/2015/12/11/1361110.pdf

《第1章》

（1） 畑田耕一、林　義久「文化伝承の教室としての伝統的日本住宅 ―「住育」の大切さ―」（２００６年1月29日公開、2月21日）　http://culture-h.jp/hatadake-katsuyo/bun26.html
（2） 畑田耕一、林　義久「伝統的木造住宅の住育の力と歴史的建造物の保存継承」（２００７年7月1日）
http://culture-h.jp/hatadake-katsuyo/bun27.html
（3） 畑田耕一、林　義久「登録文化財建造物の住育力と道徳教育」（２００８年5月22日）
http://culture-h.jp/hatadake-katsuyo/tohroku-dohtoku.pdf
（4） Koichi Hatada, Yoshihisa Hayashi　Potential of Housing Education through Traditional Wooden Houses and Preservation/Succession of Historical Architecture - June 1, 2008
http://culture-h.jp/hatadake-katsuyo/housing.ed.pdf

(5) 畑田耕一、林　義久、渋谷　亘「道徳と科学」(２００９年4月1日)
http://culture-h.jp/hatadake-katsuyo/bun54-moral-and-science.pdf

(6) 畑田耕一、林　義久、渋谷　亘「道徳的能力と想像力」(２００９年2月5日)
http://culture-h.jp/hatadake-katsuyo/dohtoku-sohzoh.pdf

(7) サイエンスポータル編集ニュース「２００９年4月23日　国立大学の女性、外国人教員比率伸びわずか」http://scienceportal.jp/news/daily/0904/0904231.html

(8) 「科学技術・学術審議会総合政策特別委員会(第3回) H26・9・10　資料2-2関連データ集(人材政策)75頁　3．女性研究者」によると２０１３年の日本の研究者総数に占める女性の割合は14・4%である。ちなみに、同年度の他国の女性割合はイギリス37・7%、米国33・6%、ドイツ26・7%、フランス25・6%、韓国17・3%である。ただ、２００９年の自然科学系博士後期課程学生の女性の比率が27・1%に達していることは注目して置くべきである。　http://www.mext.go.jp/b_menu/shingi/gijyutu/gijyutu22/siryo/__icsFiles/afieldfile/2014/09/16/1351707_3.pdf

(9) 国立大学協会ホームページ　http://www.janu.jp/post.html

≪第2章≫

(1) 中央教育審議会(２０１２)「新たな未来を築くための大学教育の質的転換に向けて　～生涯学び続け、主体的に考える力を育成する大学へ～(答申)」、平成24年8月28日
http://www.mext.go.jp/b_menu/shingi/toushin/__icsFiles/

afieldfile/2012/10/04/1325048_1.pdf
（２）片山健志、朝日新聞　２０１５年11月24日　http://denjiso.net/?p=15747
（３）平成21年度学校基本調査　http://www.mext.go.jp/b_menu/toukei/chousa01/kihon/kekka/k_detail/1288104.htm
（４）平成26年度学校基本調査　http://www.garbagenews.net/archives/2014321.html
（５）三菱総合研究所人間・生活研究本部、学力調査を活用した専門的な課題分析に関する調査研究業務［ＰＩＳＡ（ＯＥＣＤ 生徒の学習到達度調査）における上位国・地域の教育制度に関する調査研究］報告書（２０１５年３月）
http://www.mext.go.jp/component/a_menu/education/micro_detail/__icsFiles/afieldfile/2015/08/24/1361054_01.pdf
（６）教育フォーラム「学校教育における双方向授業を考える」報告書（豊中ロータリークラブ主催、２０１１年１月22日、大阪府豊中市ホテル アイボリー）
http://culture-h.jp/hatadake-katsuyo/Education-forum-sohhokoh-jyugyou2011RC.pdf

≪第３章≫

（１）三菱総合研究所人間・生活研究本部、学力調査を活用した専門的な課題分析に関する調査研究業務［ＰＩＳＡ（ＯＥＣＤ 生徒の学習到達度調査）における上位国・地域の教育制度に関する調査研究］報告書（２０１５年３月）

http://www.mext.go.jp/component/a_menu/education/micro_detail/__icsFiles/afieldfile/2015/08/24/1361054_01.pdf

（2）堀産婦人科ホームページ院長コラム「母子手帳、父子手帳」の欄　http://www.hori3541.or.jp/archives/301

《第4章》

（1）文教・科学技術関係資料　平成26年10月27日（月）　財務省主計局

https://www.mof.go.jp/about_mof/councils/fiscal_system_council/sub-of_fiscal_system/proceedings/material/zaiseia261027/03.pdf

ＯＥＣＤの調査によると日本を含む34か国の中学校教員の勤務時間は日本が1週間当たり53・9時間で最長である。（平成26年6月26日の毎日新聞朝刊）一方、日本の教員の年間授業時間（小　７３１時間、中　６０２時間）は、小中学校ともに、ＯＥＣＤ平均（小　７９０時間、中　７０９時間）を下回っている。具体的には、日本の教員の年間授業時間（小学校・中学校合計）は、ＯＥＣＤ調査対象30ヶ国中23位と低水準であり、主要先進国（アメリカ、ドイツ、フランス）平均よりも小学校については2割程度、中学校については3割程度少ない。日本では授業以外の事務作業等（授業準備、職員会議、一般事務作業等）に多くの時間が充てられているということになる。

（2）a　グランゼコールはフランス独自の高度専門職養成機関である。フランス全土で２００校ほどあり、理工系から政治・経済・軍事・芸術に至るまで職業と関連する分野について、フランスにおける最高クラスの教育が行われている。https://ja.wikipedia.org/wiki/グランゼコール

b　エセック・ビジネススクール日本事務所ホームページ、Grandes Ecoles（大学院大学）

http://japan.essec.edu/yoku-aru-shitsumon

（3）一色史彦、住まいの文化─川は流れている

http://www.geocities.jp/kokentik/sumai/culture1.html

（4）畑田耕一、林　義久、伝統的木造住宅の住育の力と歴史的建造物の保存継承（２００７年７月１日）

http://culture-h.jp/hatadake-katsuyo/jyuiku-pdf.pdf

（5）畑田耕一、林　義久、建築と社会、２００６年５月号

（6）松井吉三、租税理論と租税体系　http://www.sinfonia.or.jp/~matsui/sozeirirontosczeitaikei.htm　参照

（7）畑田耕一、林　義久、渋谷　亘「道徳的能力と想像力」

http://culture-h.jp/hatadake-katsuyo/dohtoku-sohzoh.pdf

（8）ロータリー手続要覧２０１３、61頁

（9）畑田耕一「教育とロータリーの四つのテスト」　http://culture-h.jp/hatadake-katsuyo/E3.html

（10）「徳山高専だよりNo.54、２００２年３月『公開講座』の開催と成果」参照）

http://www.tokuyama.ac.jp/school/info/magazine/54.pdf

≪第5章≫

（1）畑田耕一、林　義久「登録文化財建造物の住育力と道徳教育」（２００８年５月22日）
http://culture-h.jp/hatadake-katsuyo/tohroku-dohtoku.pdf

（2）森　厚文、金沢大学市民講演会「キュリー夫妻ラジウム発見１００周年記念講演会」要旨集、４頁
http://ri-center.w3.kanazawa-u.ac.jp/download/Radium.pdf

（3）中西　孝、金沢大学市民講演会「キュリー夫妻ラジウム発見１００周年記念講演会」要旨集、５頁
http://ri-center.w3.kanazawa-u.ac.jp/download/Radium.pdf

（4）畑田耕一、林　義久、渋谷　亘「道徳的能力と想像力」（２００９年２月５日）
http://culture-h.jp/hatadake-katsuyo/dohtoku-sohzoh.pdf

（5）畑田耕一、林　義久「伝統的木造住宅の住育の力と歴史的建造物の保存継承」（２００７年７月１日）
http://culture-h.jp/hatadake-katsuyo/jyuiku-pdf.pdf

（6）Koichi Hatada, Yoshihisa Hayashi, "Potential of Housing Education through Traditional Wooden Houses and Preservation/Succession of Historical Architecture"（June 1, 2008）
http://culture-h.jp/hatadake-katsuyo-english/housing.ed.pdf

（7）"The Status of the World's Land and Marine Mammals: Diversity, Threat, and Knowledge"

Jan Schipper（E-mail: jan.schipper@iucn.org）et al., Science, Vol. 322.No. 5899, 10 Cctober 2008, pp. 225-230

（８）「天声人語」、２００８年11月15日、朝日新聞朝刊
http://blog.goo.ne.jp/rainbow1952/e/d06b360fe0a393f0c9bfa621b9efc3f6参照

《第７章》

（１）畑田耕一、林　義久、伝統的木造住宅の住育の力と歴史的建造物の保存継承（２００７年７月１日）
http://culture-h.jp/hatadake-katsuyo/jyuiku-pdf.pdf

（２）文部省、「小学校 文化や伝統を大切にする心を育てる」道徳教育推進指導資料（指導の手引き7）平成11年

（３）学力格差と家庭環境の関わり ―現状分析と問題点　家庭の文化的環境と子どもの学力 第１章第２節　http://www.p.u-tokyo.ac.jp/johoka/02/frame1.html

《第８章》

（１）文部科学省、キャリア教育　http://www.mext.go.jp/a_menu/shotou/career/index.htm

（２）宮城県教育研修センター、みやぎのキャリア教育推進のために
http://www.edu-c.pref.miyagi.jp/longres/H16_A/shinro/handbook/handbook_all%20pack.pdf

（3）Career Education　http://www.abouteareereducation.com/
（4）文部科学省、中学校職場体験ガイド　http://www.mext.go.jp/a_menu/shotou/career/05010502/026.htm
（5）文部科学省、キャリア・スタート・ウィークの更なる推進に向けて
http://www.mext.go.jp/a_menu/shotou/career/05010502/019/001.pdf
（6）文部科学省、教育振興基本計画　http://www.mext.go.jp/a_menu/keikaku/pamphlet/08100704.htm
http://www.mext.go.jp/a_menu/keikaku/pamphlet/001.pdf
（7）「今後の学校におけるキャリア教育・職業教育の在り方について」（答申）中央教育審議会
http://www.mext.go.jp/b_menu/shingi/chukyo/chukyo0/toushin/1301877.htm
（8）文部科学省、地域に学ぶ中学生・体験活動週間「トライやる・ウィーク」
http://www.mext.go.jp/a_menu/shotou/career/05010502/026/007/001/006.htm
（9）㈶ひょうご震災記念21世紀研究機構少子・家庭政策研究所「自然学校、トライやる・ウィーク等兵庫型体験学習の効果、評価の分析（中間報告）」
http://www.dri.ne.jp/updata/4091%EF%BC%88%E8%87%AA%E7%84%B6%E5%AD%A6%E6
%A0%A1%EF%BC%89.pdf
（10）関西キャリア教育支援協議会、「小・中・高校生職場体験学習受入れの手引き（企業用）」
http://www.career-kansai.jp/manual/
（11）文献4の第5章、事業所と学校との連携・協力
http://www.mext.go.jp/a_menu/shotou/career/05010502/026/005/001.htm

（12）文部科学省、小学校・中学校・高等学校キャリア教育推進の手引 ―児童生徒一人一人の勤労観、職業観を育てるために― の第3章
http://www.mext.go.jp/a_menu/shotou/career/__icsFiles/afieldfile/2010/03/18/1251171_001.pdf
（13）豊中ロータリークラブ教育フォーラム、「キャリア教育の推進―職場体験学習を考える（2012年1月21日）」報告書　http://culture-h.jp/hatadake-katsuyo/E9-ShokubaTaikenGakushu.pdf
（14）佐々木禎　地域社会と深い関わりをもつ学校教育 ―中学校における5日間の職場体験―
http://www.myilw.co.jp/publication/myilw/pdf/myilw_no82_feature_3.pdf

付録　豊中ロータリークラブ（RC）の小学校・中学校への出前授業（個人別テーマと要旨）

聞いて見て触るおもしろ化学—くらしの中のプラスチック—

（豊中RC　畑田耕一）

私たちのまわりにはボールペン、筆箱、消しゴム、物差し、弁当箱、コンタクトレンズ、カメラやフィルム、CD、ポリバケツ、ポリ袋などプラスチックでできた便利なものがいっぱいあります。これらはすべて高分子と呼ばれる大きな分子でできています。野球やテニスのボール、ラジオやテレビ、大型コンピュータから自動車や新幹線、スペースシャトル等も高分子なしには作れません。このような高分子はどのようにしてつくられるのか、その便利な性質はなぜ現れるのかを、実験をまじえてわかりやすくお話します。プラスチックの回収・再利用についても触れたいと思っています。

ゴムの面白さ

（豊中RC　畑田耕一）

ゴムひもを両手に持って引っ張ると大きく伸びますが、手を離すと元の長さに縮みます。普通の糸や針金などには見られないこの様なゴムの性質を「不思議だな」と思ったことはありませんか。この授業では、ゴムの伸び縮みはなぜ起こるのかをいろいろな実験をしながら皆さんと一緒に考え、自分の身の周りに起こる現象をよく観察し、それはなぜだろう？　と考えることの面白さ、大切さを学んで頂きたいと思います。

（豊中RC　畑田耕一）

エネルギーを考える

エネルギーとはいろいろな仕事をする能力のことを言います。工場の機械を動かしたり、乗用車、バス、タクシーなどの車や飛行機、船などを動かすのには、エネルギーが要ります。これらのエネルギー源は石炭、石油や原子力です。人間が仕事やスポーツをしたり、勉強するのにもエネルギーが必要です。この場合のエネルギー源は食物です。ここでは、運動エネルギー、熱エネルギー、電気エネルギーなどエネルギーの種類、ならびに、電気エネルギーを、モーターを回して運動エネルギーに、あるいは、蛍光灯で光エネルギーに変えるなどエネルギーの変換についてお話しします。さらに、波や風、太陽の熱および光、地熱などの新しいエネルギー源についてもお話して、将来のエネルギー問題について皆さんと一緒に考えたいと思います。

（豊中RC　畑田耕一）

日本の古い木造住宅に見られる生活の工夫

羽曳野市にある私の生家には、自然との共生という日本古来の伝統文化に基づく生活の工夫がいたるところに見られます。省エネルギー型に工夫された生活用具もたくさんあります。また、何に使ったのか、どういう風に使ったのかが、はっきりしない空間や道具類もあります。「この部屋の囲いのあるあの隅は何に使ったのかな?」とか、「この道具は何?」など、子どもの想像力をかきたてるものがいっぱいあるのです。このような子どもの頃の家の中での体験や想像の時間は、年を経るにつれて人間の創造力、やがては文化の創造に繋がって行きます。こんなことを、スライドを使ってお話しながら、これからの日本のことを皆さんと一緒に考えてみたいと思います。

（豊中ＲＣ　畑田耕一）

道徳を考える

小学校と中学校では道徳の授業が週1時間あり、いろいろなことを学んでいると思います。ところが、「道徳とは何か」というような根本的なことを考える機会はあまりないようです。この授業では、先ず、道徳的能力の基本は、人間が他の人々や動物、植物を含む自然環境に対して、どのような態度を取るべきかを適切に判断する能力であること、また、人以外の動物、植物やものは人間の言葉をしゃべらないので、それらとのコミュニケーションは想像力に頼るしかないことをお話します。そのうえで、道徳的な判断は何を基準にして行えばよいのか、また、道徳の根本の想像力はどのようにして高められるのかを、皆さんと一緒に考えたいと思います。

（豊中ＲＣ　畑田耕一）

今、戦中・戦後のことを思う

１９４１年４月、私はそれまでの尋常小学校から改称された国民学校に入学し、児童・学童ではなく少国民と呼ばれることになりました。その年の12月８日、太平洋戦争が始まったのです。戦場での日本軍の大きな戦果が発表され続けましたが、それとは裏腹に、日々の生活は少しずつ窮乏し、戦争に必要な食料の供給は、通常の田畑だけでは間に合わず、荒地の開墾に授業を止めて行く日が多くなりました。そのうちに、大都市へのアメリカの爆撃機による空襲が始まり、広島、長崎への原爆投下という不幸な出来事を経て、戦争は終わりました。物の不足は、戦争中も戦後も、食料だけではなく、あらゆるものに及びました。それで、望遠鏡、顕微鏡、モーター、ラジオと、必要なものは自分で作るという習慣がつき、ものの作動原理が良く理解できるようになりました。物のない時代の子どもは幸せだったなと、今にして思います。「おならを集めて飛行機を飛ばそう」という意見が出るほど物のない時代の生活から学んだことを、皆さんにお伝えしたいと思います。

少子高齢社会を繁栄させるには

（豊中ＲＣ　畑田耕一）

日本は65歳以上の人口比率が２０１０年に23％を越えた超高齢社会で、世界一の長寿国です。男性の平均寿命が80歳、女性は87歳で、２０１６年9月15日現在で65歳以上の人の人口が３４６１万人になりました。健康保険や介護保険の制度をいくら上手に整備しても、この先、高齢者の面倒を国が完全に見ることは非常に難しくなってきました。定年の延長、血管、神経の再生など基礎科学的な研究、高度な医療をいかにして安く提供できるかという医療経済的研究など対症療法的な対策はいくつも考えられますが、根本的な対策は、高齢者が他との繋がり感を持って、自分の生活活動が社会の役に立っているという充実感を味わえる社会をつくることです。

同時に子どもの生まれる数が減って人口が減っていくという少子化問題も解決しなければ国の力が衰えます。なぜ子どもを産まなければならないのか、子どもは何のために生まれてくるのか、という生の根本を学んだうえで、国の素晴らしい歴史を未来に繋ぎ発展させていくためには子どもを産み育てる以外に方法がないことを皆さんは今のうちから理解して欲しいのです。

少子高齢社会をどのようにして繁栄させていくかを皆さんと一緒に考えてみたいと思います。そんな難しいことを、と思わないでトライしてみて下さい。

（豊中RC　大塚潁三）

半導体ものがたり

金属ほどには電気を通さない、しかしプラスチック、岩塩の結晶、セラミックのような絶縁体でもない、いわば中途半端にしか電気を通さないのが半導体です。その代表はシリコン、これはコンピュータの心臓部を形成します。一方、ガリウムやヒ素のように発光を使命とするものもあります。これ等の半導体について平易に解説します。

（豊中RC　大塚潁三）

言葉の壁

わたくしたちは日本語を話します。けれども外国人にはなかなか通じない場合が多いようです。英語なら通じることがあります。しかし隣の韓国やサハリンやカムチャッカなどでは全く通じません。そんな時どうすればよいのでしょうか？　本当の国際語とはどんなものでしょうか？　国際的な交流が大切な今、一度真剣に考えてみようではありませんか。

（豊中ＲＣ　大塚潁三）

ガリレオと教会

ガリレオは、コペルニクスの地動説を支持し、天動説を肯定する教会と対立し、宗教裁判にかけられたと伝えられています。しかし事情はそんなに簡単なことではなかったようです。教会側には、ガリレオよりもっと真実に近い考え方を持った人もいたようです。ガリレオは少し依怙地（いこじ）になり過ぎていたようです。

（豊中ＲＣ　戸部義人）

温度とは何か

温度と熱の違いは何でしょう。自然界で到達できる最も高い温度は何度でしょう。また最も低い温度は何度でしょう。これらの疑問に答えるために、温度とは何かについて考えてみたいと思います。また、極低温にして初めて現れる超電導現象についても紹介します。

（豊中ＲＣ　戸部義人）

「ろうそくの科学」を読んでみよう

19世紀の偉大な科学者であるマイケル・ファラデーは、彼自身が少年少女を対象にして行ったクリスマス講演をまとめた「ろうそくの科学」という一般書を書いています。そこでは、身近なろうそくの燃焼を題材にして、演示実験を交えながら、さまざまな物理現象や化学現象について「なぜでしょう」と問いかけながら、やさしく説明されています。ファラデーの講演に参加したつもりで、この本を一緒に読んでみたいと思います。

分子の模型を作ってみよう

（豊中ＲＣ　戸部義人）

私たちの身の回りにはたくさんの有機化合物（炭素を含む化合物）があります。衣類や食品はもちろん、パソコンや携帯電話も大半が炭素を含む化合物から作られています。私たち自身の身体も水分を除くとその大半が、蛋白質や糖類、脂肪分、核酸といった有機化合物でできています。その多様性はどこからきているのでしょう。化学者たちは炭素を含むこれらの分子の模型を使って、その構造や性質をあたかもそれを見てきたかのように議論する術を心得ています。いろいろな分子の模型を実際に作ってみて、有機化合物の多様性に触れてみたいと思います。

外科の歴史 ―床屋外科について―

（豊中ＲＣ　木村正治）

人類は生活上必要な知識を経験的に獲得し蓄積してきました。人類が地球上に現れた時、既に病気があり何らかの医術を心得ていたと思われます。このことは、化石や出土した昔の人間の骨や歯牙などの資料より窺い知ることが出来ます。古代医学は地中海を中心にその沿岸に芽生え、学問としての集大成が進みましたが、その当時は内科学、外科学の分化はありませんでした。13世紀になってようやく医療の下働きを医療の現場で担当する床屋外科が誕生し、職種として外科医と呼ばれるようになったのは、13世紀後半です。現在、外科学の発展は目覚ましいものがありますが、その礎となった床屋外科、これに影響を与えた戦争についてお話しします。

（豊中ＲＣ　澤木政光）

人体の構造と機能

人体の構造は肉眼で見える大きなものから、顕微鏡でしか見えない小さなものまで、いくつもの階層に分けて整理されます。解剖学によって人体の形態と構造を学び、生理学によってその役割と機能を学びます。医学体系の中でも基礎中の基礎となるこの分野に貢献した人々の紹介も兼ねてお話し致します。

（豊中ＲＣ　澤木政光）

人間は何故眠る必要があるのか

人間はほとんど無意識に頭を使い、様々な行動をします。人間の行動の司令塔ともいうべき脳の重量はわずか１・３kg前後に過ぎませんが、安静時に身体全体が使うエネルギーの20％を消費します。莫大な情報が交叉する厚さ約２・５ミリの大脳皮質はオーバーヒートしやすく、疲労にも弱いので適当に休ませなければ健康を維持することはできません。一晩ぐっすり眠ると、疲れがとれて心身ともにリフレッシュすることを私たちは体験的に知っています。睡眠の本質は大脳皮質の休息なのです。

（豊中ＲＣ　澤木政光）

私たちにもできる挿花（いけばな）

誰もがよく知っている花をお見せして、花の生態と花にまつわる文化史をお話しします。その

（豊中ＲＣ　村司辰朗）

中で、地球という一つの同じ環境に生きる私たち人類をはじめ、様々な動植物の「いのち」について考えてみたいと思います。また、実際に花に触れて、一つの「いけばな」としての作品を作り上げることにより、華道が皆さん誰にでも挿(いけ)られる身近なものであることを認識してもらいたいと思っています。

思春期のケア ―避妊を中心に―

(豊中RC　米田　真)

少子化を初めとして家族機能の変化、地域住民の連帯意識の希薄化、受験戦争、いじめなど思春期の子供の生活環境は近年大きな変化を見せています。最近、10代の妊娠が増加し、性のモラルや性教育をめぐって大きな社会問題になっています。そのうえ10代の妊娠は、ほとんど人工妊娠中絶をさせることが多いので体にもよくありません。それで、避妊についての知識を知ってもらうために、いろいろな避妊法をお話ししたいと思います。

学校保健における感染症 ―学校伝染病：疾患とその対応

(豊中RC　北村公一)

以下の頻度の高い皮膚の学校伝染病の詳細と出席停止などの対応について解説します。(対象　教諭、保護者)

1. 手足口病　2. 伝染性紅斑(りんご病)　3. 頭虱(あたまじらみ)
4. 伝染性軟属腫(みずいぼ)　5. 伝染性膿痂疹(とびひ)

手の皮膚を観察して皮膚の役目を考えてみましょう

（豊中RC　北村公一）

皮膚は人間のからだ全体をおおって、熱、細菌、毒物などのからだに害を与えるものからからだを守り、一方体温の調節、体内の水分の調節、予防注射による抵抗力をつくる、などのいろいろな働きをしています。そのほか内臓が病気になると皮膚に変化があらわれて、病気をいち早く知ることもあり「皮膚は内臓の鏡」とも言われています。それでは健康な皮膚とはどのような皮膚でしょうか。真っ黒に日焼けした皮膚でしょうか？　またこのようなからだにとって大切な働きをする皮膚を丈夫にするにはどうすればよいでしょうか。乾布まさつでしょうか？　日光浴でしょうか？　皮膚をよく観察し皮膚についてみなさんとともに考えてみましょう。

紫外線と皮膚 ―学校生活における指導と対策

（豊中RC　北村公一）

1960年代までは「ちびっこ黒んぼ大会」が盛んに行われていました。1970～80年代にはフロンガスによるオゾン層の破壊が明らかになり、それにともない紫外線の害が盛んに論議されるようになりました。紫外線は皮膚の光老化を進めるだけでなく、光発癌を発生させます。1998年には母子健康手帳から日光浴を推奨する文言が削除されました。『子どものうちにいっぱい日焼けをして健康になろう！』や『夏、日焼けすると冬には風邪をひかない！』は正しいでしょうか。紫外線の影響について正しく理解しましょう。紫外線は百害あって一利なし、今すぐ始めよう予防対策、十年、二十年、三十年後のために。（対象　小学校高学年、

中学生、教諭、養護教諭、保護者）

皮膚炎（かぶれ）について ―日常生活における皮膚炎―

（豊中ＲＣ　北村公一）

皮膚にある有害物質がついて、あるいは化粧品のようにつけて皮膚に何らかの障害が生じたものを皮膚炎といいます。職業による皮膚炎にはセメントを扱う建築屋さんの手に生じる「セメント皮膚炎」、うるしを扱う塗物師の手に生ずる「うるし皮膚炎」などがあります。一般生活のなかで使われている有害物質でないもの、例えば、衣類、装飾品、外用剤、貼り薬、化粧品、洗剤、毛染めでも体質によっては皮膚炎が生じます。

最近では美容志向の低年齢化から美容関連物質による皮膚炎（おしゃれ障害）が増加の傾向にあります。「きれいに装いたい」という気持ちは誰にもありますが、その裏に隠れた危険性にも注意しないとかえって醜いあとかたを残すことになりかねません。特に未熟な体では皮膚炎が生じやすいので未成年者には注意が必要です。

おしゃれ障害―「きれいになりたい」から始まる健康障害―

（豊中ＲＣ　北村公一）

化粧などのおしゃれの低年齢化に伴い、おしゃれによる皮膚障害が増加しています。パーマ、ピアス、化粧品、毛染め、脱毛、剃毛、マニキュア、人工日焼け、二重まぶた、コンタクトレンズ、サンダルとハイヒール、体を締めつける服装などによる人体の傷害は多岐にわたります。子どもは化粧をしてよいのか？　子供は皮膚が薄く、未完成、免疫機能の未熟そのうえ知識が不足、科学的・社会的な未熟、個性はまだできていないので動じやすいなど、心が未熟なためにおしゃれ障害がおこりやすいのです。その実態について解説いたします。（対象　児童、教諭、養護教諭、保護者）

アトピー性皮膚炎　―学校生活における管理と指導―

（豊中ＲＣ　北村公一）

近年、児童生徒の健康問題の新たな課題の一つにアトピー性皮膚炎をはじめとするアレルギー疾患及び感染症の増加・深刻化があります。文部科学省のアレルギー疾患に関する調査研究委員会の報告によると児童生徒のアトピー性皮膚炎の頻度は小学生では全体の６・３％、中学生では全体の４・９％です。戦後、ほかのアレルギー疾患同様、増加傾向を示し、とくに最近20年で増加傾向が著しく、現在では10～20％の発症頻度とされています。（日本皮膚科白書、第１０３回日本皮膚科学会総会記念改訂版、２００５年６月）

アトピー性皮膚炎の児童生徒を管理・指導していくためには、家庭、学校、医療機関が連携を図り、正しい知識と継続治療の支援、適切なケアや指導、環境の整備、心のケアを、連続性をもって行っていくことが大切です。（対象　教諭、養護教諭、保護者）

危険な生活習慣　―とくに肥満のもたらす生活習慣病のこわさ、予防における生活習慣の大切さ

（豊中ＲＣ　松山辰男）

人類が誕生して２５０万年といわれますが、最近50年で生活習慣が大きく変わりました。こ

の急な変化に人間の体の働きがついていけなくて肥満が増えています。肥満は脂肪の増加であり、脂肪細胞はいろいろな生物活性物質を生成、分泌して、病気の原因になることが分かってきました。内臓に脂肪がたまる肥満は、糖尿病、高血圧、高脂血症、心筋梗塞、脳卒中など現在最も大きな問題である生活習慣病の原因であり、最大の死因ともなっています。食事摂取量を控えることで生活習慣病は予防でき、幼少期からの生活習慣が非常に大切です。

（豊中ＲＣ　松山辰男）

日本固有の楽器「尺八」

尺八の演奏を通して、日本の伝統音楽を紹介します。

（豊中ＲＣ　関谷洋子）

租税教育について

私たち国民が豊かに、そして安全に暮らせるように、国は教育、医療、介護、福祉、道路、住宅、公共施設、防衛、警察、消防、災害救助などに支出をしています。また、国際社会の安定と平和に寄与するために、開発途上国や国際機関に開発援助資金を提供しております。これは、資源、食料を海外に依存する日本にとって、国民の生活を守るためにも必要なことなのです。国の支出の資金は公債と税の収入でまかなわれています。この授業では、国民の納税の義務、税の種類、国の収入・支出の内容、国の収入の半分近くを公債でまかなうことの問題点などについて分かりやすくお話しします。

おしっこはなぜ作られるのか？（豊中ＲＣ　清原久和）

人間の身体の構造（臓器）と機能を説明し、検尿という比較的簡単な検査で、いろいろな病気を発見できることをお話しして、学校検尿の大切さを理解していただきたいと思います。

あたりまえのこと、あたりまえでないこと（フランス国立科学研究センター名誉教授　関口　煜）

生徒が自分で「考える」ことの重要さは言うまでもないことです。ところが、最近のように日常生活が豊かになり便利になると、私達はその過程を考えず、結果的に得られる利便性を享受することに満足し、物事を深く遠く考える習慣を失う傾向にあります。特に、その現象は若年層に著しいようです。この実態に対処するため、身辺環境のいろいろな事象について関心を持ちはじめる小学校高学年の生徒を対象に、日常生活の中で当然と見えるエネルギー問題など二、三の事例についてその意外な背景を考えさせ、それによって「考える」ことに興味を持たせたいと思います。

人間はどうして立体的にものを見ることができるのか？（大阪大学教授　西田正吾）

「人間はどうして立体的にものを見ることができるのだろうか？」、「技術的に立体視を実現するためには、どうしたらよいのだろうか？」について、錯視などの人間の目の持つ性質から話をはじめ、立体視を実現する技術の仕組みについて、実験を交えて説明します。

さわってみよう！　能の世界！

（能楽師　観世流シテ方　山本博通）

「能楽」は現存する世界最古の演劇として、国際的に高い評価を受け、平成14年にはユネスコ世界遺産の宣言を受けました。しかしながら「能楽」を見たこともない国民が大勢います。それどころか、どんなものなのか説明できない方々が教職員の中にも多くおられます。少しでも多くの方々に「能楽」を知っていただきたく、また、子ども達に直接体験していただきたく思っています。私が出向き、声の出し方、型、足の運びなどを説明し、体験していただくことで少しでも「能楽」を理解してもらいたいと思います。

※本稿は、国際ロータリー２６６０地区豊中ロータリークラブ「五十年の歩み」（平成21年10月発行）、79～１０２頁掲載の記事を、許可を得て一部改訂したものである（文責　畑田耕一）

OMUPの由来

大阪公立大学共同出版会（略称OMUP）は新たな千年紀のスタートとともに大阪南部に位置する５公立大学、すなわち大阪市立大学、大阪府立大学、大阪女子大学、大阪府立看護大学ならびに大阪府立看護大学医療技術短期大学部を構成する教授を中心に設立された学術出版会である。なお府立関係の大学は2005年４月に統合され、本出版会も大阪市立、大阪府立両大学から構成されることになった。また、2006年からは特定非営利活動法人（NPO）として活動している。

Osaka Municipal Universities Press(OMUP)was established in new millennium as an association for academic publications by professors of five municipal universities, namely Osaka City University, Osaka Prefecture University, Osaka Women's University, Osaka Prefectural College of Nursing and Osaka Prefectural College of Health Sciences that all located in southern part of Osaka. Above prefectural Universities united into OPU on April in 2005. Therefore OMUP is consisted of two Universities, OCU and OPU. OMUP has been renovated to be a non-profit organization in Japan since 2006.

双方向授業が拓く日本の教育

アクティブ・ラーニングへの期待

2017年３月３日　初版第１刷発行

編　著　畑田　耕一

発行者　足立　泰二

発行所　大阪公立大学共同出版会（OMUP）

〒599-8531 大阪府堺市中区学園町１－１

大阪府立大学内

TEL　072（251）6533　FAX　072（254）9539

印刷所　和泉出版印刷株式会社

ISBN978－4－907209－69－8

本書の内容に関するお問い合わせは大阪公立大学共同出版会（OMUP）までお願いします。